[美] 丹尼尔 A. 休斯（Daniel A. Hughes）著
曹慧 杨伟力 陈露 译

# 爱与教养的双人舞

聚焦依恋关系的养育方法

## ATTACHMENT-FOCUSED PARENTING

### EFFECTIVE STRATEGIES TO CARE FOR CHILDREN

机械工业出版社
CHINA MACHINE PRESS

Attachment-Focused Parenting: Effective Strategies to Care for Children By Daniel A. Hughes
ISBN: 9780393705553
Copyright © 2009 by Daniel A. Hughes

This title is published in China by China Machine Press with license from W. W. Norton & Company. This edition is authorized for sale in China only, excluding Hong Kong SAR, Macao SAR and Taiwan. Unauthorized export of this edition is a violation of the Copyright Act. Violation of this Law is subject to Civil and Criminal Penalties.

本书由W. W. Norton & Company授权机械工业出版社在中华人民共和国境内（不包括香港、澳门特别行政区及台湾地区）出版与发行。未经许可的出口，视为违反著作权法，将受法律制裁。

北京市版权局著作权合同登记　图字：01-2018-1197号。

## 图书在版编目（CIP）数据

爱与教养的双人舞：聚焦依恋关系的养育方法／（美）丹尼尔 A. 休斯（Daniel A. Hughes）著；曹慧，杨伟力，陈露译. —北京：机械工业出版社，2019.8

书名原文：Attachment-Focused Parenting: Effective Strategies to Care for Children

ISBN 978-7-111-62716-6

Ⅰ. ①爱… Ⅱ. ①丹… ②曹… ③杨… ④陈… Ⅲ. ①儿童教育-家庭教育 Ⅳ. ①G782

中国版本图书馆CIP数据核字（2019）第090027号

机械工业出版社（北京市百万庄大街22号　邮政编码100037）
策划编辑：刘文蕾　　责任编辑：刘文蕾　王　蕾
版式设计：张文贵　　责任校对：李　伟
责任印制：张　博
北京铭成印刷有限公司印刷
2019年9月第1版·第1次印刷
169mm×239mm·13.75印张·172千字
标准书号：ISBN 978-7-111-62716-6
定价：49.80元

电话服务　　　　　　　　　　网络服务
客服电话：010-88361066　　机 工 官 网：www.cmpbook.com
　　　　　010-88379833　　机 工 官 博：weibo.com/cmp1952
　　　　　010-68326294　　金　书　网：www.golden-book.com
封底无防伪标均为盗版　　　　机工教育服务网：www.cmpedu.com

谨以此书献给我的外孙女
爱丽丝·罗斯·锡伯杜

# 译者序

翻译这本书的过程也是一个很好的学习过程，它让我们进一步认识到依恋关系的重要性以及可塑性。所谓"依恋关系"，一般是指婴儿与其照顾者（一般为母亲）之间存在的一种特殊的感情关系。这一理论由精神分析师约翰·鲍尔比（John Bowlby）提出后，一直都是心理学的基础概念和热点研究领域，被广泛应用于儿童的早期养育研究中。随着儿童心理学的普及，关于"依恋关系"的话题已经开始被越来越多的父母所了解和关注。

本书作者根据自己三十多年来聚焦依恋关系的心理治疗经验，用通俗易懂的语言和大量的亲子对话案例，不仅向我们呈现了依恋理论的核心观点，还提供了大量的实践工具和方法（PACE 态度和沟通技巧），旨在引导父母通过改变养育方式，提升与孩子的互动质量，完善或修复彼此之间的关系，让孩子成为安全依恋的个体，从而在遵循规则和爱的滋养中发展出独立完整、界限清晰的自我。

在书中，作者的一些观点让人印象深刻，他指出"成功的养育就是不断地努力寻找各种矛盾间的平衡：自由选择和遵守规则、独立自主和情感亲密，以及保障安全和寻求探索等"，即在保护孩子的自主性与培养和孩子的亲密性之间寻求平衡，这也是关注依恋关系养育方式的最重要的目的之一。基于依恋关系建立的亲子互动模式，就像亲子之间在协调共舞，双方都能从中感受到快乐和愉悦，并且能够发现和理解彼此的想法、感受和意图，这真是一种美妙的体验。

另外，值得注意的是，本书反复提到"主体间性"一词，这一概念描绘了孩子内心世界的成长是如何在与外界,尤其是与重要他人的沟通和交流过程中建构起来的。它揭示出不是孩子发生了什么决定着孩子的心智发展,而是孩子在重要他人的影响下如何解读"发生了什么",这才是真正影响孩子心智发展的关键。而作者也试图告诉父母应该如何实施这种影响。在翻译过程中,我们对这个概念进行了标注,希望可以帮助大家更好地理解。

正如伦敦儿童心理健康中心教育和培训部主任玛戈特·桑德兰博士所说,"这本书为众多父母提供了非常强大的支持,赋予了父母所需的众多知识和实践工具,以帮助他们与孩子建立尽可能良好的关系。为了能让亲子关系随着时间的推移得到增强,父母该说什么、如何说以及为什么这么说,都至关重要,对于这些内容,没有其他任何一本书能够做到如此全面的介绍。作者以引人入胜的理论、感人的对话和大量实用的干预措施,为父母提供了培养孩子情绪智力和幸福感的长期资源。"

需要特别指出的是,最近二十年对于依恋关系的研究有以下两方面的更新:

1. 依恋关系不仅仅影响着个体的社会性和情绪的发展,还影响着个体的认知能力(也包括学习能力)的发展。

依恋关系影响着我们的"内部工作模式",不只影响着我们与他人的沟通方式,甚至影响着生活的方方面面。如果不对它进行觉察、修复和改变,有可能会带来代际遗传式的影响。

2. 依恋模式受到生命早期经历的影响,但不是一成不变的。在随后的生命历程中,孩子与父母互动的质量会不断改变孩子(乃至父母)的依恋模式。

如果父母和孩子在早期建立了安全型依恋,而在后续养育中与孩子冲突不断,不能给孩子带来信任感,那么孩子的依恋关系可能会从安全型依恋转向不安全型依恋。这也意味着如果父母能够改变与孩子互动的质量，使之更加积极且有意义，则能修复孩子（乃至父母）的依恋关系。

最后，我们要感谢机械工业出版社的相关编辑，是他们的慧眼和辛勤付出才让本书得以与中国读者见面，更要感谢他们对我们团队的信任，让我们——艾俐斯、曹慧、陈露、戴隽文、胡晓燕、刘然、史健媛、杨洋、杨伟力、曾强一起来翻译此书。在此，也要感谢每一位读者，愿意跟我们一起来了解这本非常经典的著作。由于时间和水平有限，译文中难免有不准确的地方，希望大家多多批评指正！

在本书即将付梓时，再次回顾全书，我们想说，最美的养育发生在与孩子心与心交流的时刻。愿每位父母都能走进孩子内心，和孩子一起成长！

译　者

# 致　谢

如何更好地理解依恋关系和主体间性※在人的发展中的核心作用？许多研究人员对此进行了长达 50 多年的研究，给我们提供了巨大的帮助。由于人数众多无法一一提名致谢，仅在此感谢对我帮助最大的几个人，他们是 Alan Sroufe，Dante Chichetti，Mary Dozier，John Bowlby 和 Colwyn Trevarthen。我也非常感谢该领域的两位理论学家，正是他们最早将依恋关系与多个应用领域紧密联系起来。他们是 Allan Schore 和 Dan Siegel，他们多次以不同的方式对我的工作给予帮助。

我也要感谢我的朋友们，他们使我获益良多。他们让我能够以一种不一样的方式理解依恋和主体间性，一种我无法单靠阅读或者参加会议获得的方式。因为这本书，我也与来自美国、加拿大、英国、爱尔兰和澳大利亚的同行成了朋友。他们本人以及他们在工作上取得的成就持续影响着我的职业和个人发展。

我的父母和兄弟姐妹，一直都是我人生旅程中安全感和主体间性体验的一部分。我的三个女儿教会了我——也会继续教我很多东西，她们教我的不比我教她们的少。最近作为外祖父的我发现我的外孙女爱丽丝·罗斯（Alice Rose），在这个也许是我生命中最重要的时刻，也教会了我很多。所以，这本书是献给她的。

---

※ 译者注：主体间性，简单而言，是指人与人（尤其是父母与孩子）对彼此的内心世界进行探索和交流，从而促进双方的内心成长。可参见正文第 5 页和第 31 页的解释。

# 序 言

## 建立联结还是纠正行为
关注依恋关系的养育方式给父母哪些启发？

9岁的约翰虽然记得妈妈说过他必须先做完家务才能看电视，但他还是在做完家务前就打开了电视。他违反了规定，如果有人问他为什么这么做，他很可能会脱口而出："我想看这个节目。"即便他对这件事再次加以思考，他仍然很可能只是简单地回应一句："我只是想看这个节目。"

然而，如果约翰的妈妈发现了他的所作所为，并对此有所回应的话，那么约翰对这件事情的理解就会完全不一样。妈妈的想法和感受会直接影响约翰对自己行为的认识与理解。如果妈妈认为这是一种不听话的行为，那么约翰就很可能认为自己是一个不听话的孩子；如果妈妈认为这种行为是懒惰的表现，那么约翰就很可能认为自己懒惰；如果妈妈认为约翰是自私的孩子——因为他让自己的愿望凌驾于妈妈的期望之上，那么约翰就很可能认为自己是自私的人。同样，他也可能认为自己是狡猾的、叛逆的或者无礼的——如果这是妈妈对此事的看法的话。

如果妈妈对此事的看法不是那么消极的话，那么约翰对于这件事情的理解就会有所不同。如果妈妈认为一个9岁的孩子忽视她的一个小小期望并不是什么大不了的事，那么约翰就会认为这是自己儿童期一个普通的行为；如果妈妈觉得约翰今天度过了艰难的一天，想在做家务之前先放松一下，那么很有可能约翰会认为自己就是这么想的。在上述任何一种情况下，约翰都不会因为自己的行为对自己做出负面判断。

另一种可能是，妈妈注意到了约翰的行为，却不对其行为背后的原因做出任何臆断。她或许认为，行为的动机取决于那些隐藏在行为背后、不为人所知的想法、情感、愿望和意图。因此，她对儿子的动机先不进行任何评判，仅仅是观察他的行为。然后，她再决定是否对此给出回应。妈妈也可能会在决定如何回应之前，先和约翰一起探讨一下他的行为动机是什么。她不对约翰的行为动机主观地进行任何判断，而是和约翰一起去探讨和理解。因为约翰可能自己也不知道他为什么要那么做，所以这种探讨对于他们俩理解这个行为很有帮助。于是，他们可能会有以下的对话：

妈妈：我发现你还没有把你的东西收拾好。
约翰：我知道，妈妈，不过节目一完我就收拾。
妈妈：我们说好了，你要先把东西收拾好。为什么没在打开电视之前把家务做完？你有足够的时间。
约翰：我知道应该先做家务，妈妈。我一直在看书，没有注意时间。
妈妈：好吧，约翰，你可以先看完节目，然后完成你的家务。之后你要和我说说你读的书。这一定是本很有趣的书！

在这个例子中，妈妈认为约翰对书和电视节目非常感兴趣，以至于他没有留出足够的时间来完成家务。妈妈也许还会想到约翰很少违反规定，同时她也可能认为自己允许约翰先看完节目的决定，不会鼓励约翰以后继续打破更多的规定。这时，约翰的两个理由——对于书和电视节目都感兴趣以及时间有限——对妈妈来说是可以理解的，于是她做出了更灵活的回应，而不会认为这是约翰在刻意试探她的权威。相反，如果妈妈注意到这种违规行为可能会成为一种习惯，她就会要求约翰必须经过她的允许才能在做完家务之前看电视。如果约翰不这样做，她会立刻关掉电视直到约翰完成家务。甚至，她可能会告诉约翰当天乃至第二天都不能看这个节目。

然而，也可能是，尽管妈妈认为约翰漠视她的规定，但她会选择合适的应对方式以避免更坏的结果。她可能会和约翰一起探讨为什么他会故意试探自己的权威。

**妈妈**：约翰，我已经不止一次地告诉过你，你需要先征求我的同意，才能在做完家务前看电视，但你又没有遵守规定。怎么回事？

**约翰**：我不知道。我就是想那么做！

**妈妈**：听起来你对这项规定很反感。是什么原因让你如此难以遵守这项规定呢？

**约翰**：我不是小孩了！看电视还要经过允许，这很愚蠢！

**妈妈**：看来，你的确对此非常不满。另外，如果你认为我把你当成小孩对待，你心里一定很不好受。

**约翰**：难道不是吗？我已经9岁了，不是2岁的小孩子了！

**妈妈**：你认为自己长大了，所以应该能做你想做的事，而不需要一定按照我说的做，比如先把家务做完？

**约翰**：是啊。为什么我非得做这些呢？

**妈妈**：你长大了，所以你觉得我不应该再告诉你能做什么，不能做什么？

**约翰**：是的，确实如此。

**妈妈**：我明白你的想法了，儿子。这是你成长过程中很重要但也是很困难的一个阶段，你和我对你能做什么和不能做什么有一些不同的看法。我们会处理好这些分歧的。不过现在，我的确希望你能在看电视之前做家务，如果你还没有完成家务就想看电视的话，你需要得到许可。我知道你不喜欢这样，但我仍然认为，让你这么做很重要。

**约翰**：我不喜欢。

妈妈：我知道你不喜欢，约翰。我明白你的感受。因为你长大了，你更清楚自己想要什么，不想要什么。我认为这是一件好事，尽管我们有时会有分歧。

约翰：好吧。我会关掉电视！但我认为这不公平！

妈妈：我能理解。不管怎么样，谢谢你能这么做。我知道你确实不再是一个小孩了。现在你已经可以做好那么多事情，就像你每天都能学会做一些新的事情一样。继续加油！

在上述对话里，当约翰在试探妈妈的权威时，妈妈开诚布公地与约翰一起探讨了他的动机，约翰也意识到了自己的想法：他认为自己长大了，所以应该拥有更多的行为决策权。他开始认为，只是做被要求的事情让他看起来仍然还像个小孩子。妈妈能够支持约翰这种新出现的认知，并认可这种认知在约翰成长过程的作用，也承认这将会导致他们之间出现矛盾冲突，并相信他们母子之间关系足够牢固，能够处理好这些矛盾，而且妈妈仍会告诉约翰需要遵守规定。妈妈只是针对约翰的行为进行判断，而不是对行为背后的内心活动进行评判。通过这样做，妈妈所扮演的角色就是在帮助约翰梳理他自己的生活体验——对自己行为的体验及对妈妈回应的体验。在听到妈妈将他的内心活动与他的行为区分开来之后，约翰在体会到自己是一个越来越独立的大孩子时，也更愿意接受妈妈对自己行为的规范。

在这个例子中，约翰的妈妈会根据她对约翰行为动机的理解、行为的频次和重要性、以及约翰在交谈过程中对她的反馈，做出相应的回应。如果她选择探究的是约翰的行为，那么她会以一种不带评判的、充满好奇的心态来探索约翰行为背后的动机。这样做既是对约翰快速发展的自我意识的尊重，也是履行她培养约翰自我意识这一职责。

依恋理论和相关研究让我们明白，孩子不只是他们行为所表现出来的那样。同时，我们对他们的理解以及我们与他们的关系不能只取决于对他们行为的评价。依恋理论认为，对孩子的理解应该看孩子的内在，而这种不断深入的理解就成了亲子关系建立的基石。

我作为儿童及其父母的治疗师已经有 30 多年了。我所面对的孩子，多是在家里遭受虐待或一直被家长忽视的孩子，他们因此不愿意信任父母，甚至失去了信任父母或养父母的能力。为了理解和帮助这些孩子，我遵循那些一直研究依恋及其在人类发展中作用的研究者们的教导，不仅找到了接触这些孩子方法，同时，对于如何利用依恋理论来指导所有父母更好地抚养孩子有了更深入和全面的理解。我之前仅仅从一个治疗师的角度关注那些依恋关系严重受损的孩子，而今我逐渐开始关注依恋关系在养育中的重要作用。我的临床实践也反映了这种转变——我现在对所有家庭都提供聚焦依恋关系的治疗，而不只是针对寄养家庭和收养家庭（Hughes,2007）。

本书是写给所有父母的指南，也是所有临床心理医师和养育指导师的参考资料，可以帮助他们更有效地关爱孩子、管教孩子，与孩子进行沟通。不管他们面对的孩子是 3 岁、7 岁、13 岁还是 17 岁。本书介绍了如何对孩子设定规则、提供指导、帮助他们应对日常生活中的责任和困难，也能向他们传递安全、乐趣、喜悦和爱。

人类的大脑机制是如何在形成良好的人际关系中发挥作用的？这种良好的人际关系是如何在个人的认知、情感、社交、行为乃至生理发展中起到核心作用的？对于这些问题我们有了全新的认识。这些新的认识，在亲子依恋关系中体现得最为明显。没有哪一个领域能比在育儿的决策和建议方面，更能体现出这些认识的重要意义。这也是把神经科学与儿童发展研究中涌现出的大量研究成果应用到育儿实践上的一种尝试。

孩子与父母之间的安全依恋关系是使孩子得到最好发展的关键与核心。然而人们通常会忽视这点，就像鱼儿在水中看不到水一样。人们更倾向于接受那些通过强调父母对孩子行为进行奖励或惩罚来提升对孩子影响力的理论。这被认为是一个直接的、单向的过程：如果父母对孩子的某种良好行为给予强化，那么这种行为再次出现的可能性就会增加；而对于其他的行为，如果父母选择不予理睬或者给予惩罚，则这些行为再次出现的可能性就会降低。早期的行为方案中，人们常常忽视了父母是在什么样的亲子关系中给予这些强化或惩罚的，后来虽然定义了亲子关系，但也只强调父母给予强化或惩罚的时机和能力。这样一来，父母和孩子之间存在的丰富而全面的相互关系和相互学习就被忽视了。

亲子依恋关系是孩子成长过程中关键的环境因素。亲子间的联结才是孩子发展的核心，而非不断纠正他们的行为。建立亲子联结——而非纠正孩子行为——能够不断以一种积极的方式引导孩子，同时不需要牺牲他的自主性和个性。成功的养育就是不断地努力寻找各种矛盾间的平衡：独立与依赖、自由选择和遵守规则、独立自主和情感亲密，以及保障安全和寻求探索等。通过关注亲子关系，我们就能找到最适合每个孩子的平衡点。

对于孩子的行为，如果我们只是让父母根据孩子的年龄和所处的情境，按照特定方式进行回应，那么写育儿的图书就相当容易了。我们可以将孩子的各种行为汇编成一本随身手册，以便父母在遇到困难时进行查看。然而，这样的书必然忽略有效的亲子关系和安全依恋的最根本因素。这些因素即父母在确定如何以最恰当的方式来回应孩子行为之前，必须先了解孩子行为背后的意义——与行为相关的各种思想、感情、愿望、意图、观念、价值观和记忆，等等。找到行为背后的意义并给予最恰当的回应，需要父母和孩子之间有一种互相影响的关系。孩子的反应将持续地引导家长的选择——修改、优化，甚至完全改变先前的决定。

就像所有关系一样，亲子关系中的相互影响是良好关系的主要因素。允许自己被孩子影响并不会削弱父母的权威，相反，这样做的父母更为明智，更有效率，同时也更能被孩子接受。因为具有这样一种弹性，所以当父母允许孩子参与到自己的决策中来，就可以让父母与孩子的关系更加协调，进而使问题的处理既能有助于情况的改善，又有利于亲子关系的发展。正是这种父母与孩子之间的相互影响，才能够有助于应对当前的情况。孩子从父母指导中学到的，跟从自己对父母（指导过程）的影响中学到的一样多。孩子在父母确定如何指导的过程中起到了一定的作用。孩子的内心世界在帮助父母确定什么最有利于孩子。最终，孩子的内心世界成为父母内心世界的一部分。

在孩子对父母的指导做出反馈后，父母适时对此进行回应，这样父母既能够提供一种最适合当时情况的指导，同时还能促进孩子的自我指导能力的发展。父母没有要求孩子服从，而是与孩子合作。在这个合作中，父母提供有助于孩子行为的观点和经验，而不是控制孩子的行为。在这种情况下，父母和孩子间就会形成一种合作的态度，来一同探索某个问题最合适的处理方式。受依恋理论和研究的影响，恰当的管教不但有助于加强亲子关系，也有利于孩子自身能力的发展。

但是养育孩子，尤其是聚焦依恋关系的养育方式，不仅仅是指导和管教。这种互动可以促进孩子发展和改善亲子关系，在这样的环境下孩子会感到安全、舒适、支持，会体验到相互影响的快乐，并愿意分享。这样的环境使孩子能够强烈地感受到被信任，并充满责任感，也使得孩子所有的经历和体验，尤其是亲子关系体验，被吸收并融入不断发展的自我意识中。这些体验为孩子提供了一种核心的价值观，使孩子能够感受到爱并能去爱别人。同时这些体验让孩子具备开放和探索的积极态度，进而激发孩子去探索自己和周围的世界，尤其是他的家庭世界。

父母的职责，首先是赋予孩子生命，接着要提供机会以便孩子的生活能够在自主性和亲密性之间形成平衡，同时让孩子从自主性和亲密性的体验中对人生意义和目的有深刻的认识。在聚焦依恋关系的养育中，父母用自己在与孩子相处中获得的对孩子内心世界的理解来指导养育行为。父母和孩子会觉得他们就像一直在协调和共舞一般，从中感受到了快乐和愉悦，并且能够发现和理解彼此的想法、感受和意图。这种认识为父母了解什么最适合孩子和形成良好的亲子关系提供了最好的指导。

> 如果你爱你的孩子
> 请学唱他心中的那首歌
> 当他忘记那首歌的时候
> 唱给他听
>
> ——佚名

# 目 录

**译者序**

**致谢**

**序言** 建立联结还是纠正行为
关注依恋关系的养育方式给父母哪些启发?

**第一章 什么是依恋关系?**
**教养方式是如何影响依恋关系的?** / 001

01
关于依恋关系的一些背景知识 / 001
与依恋相关的概念 / 004
依恋理论中的关键词 / 007
依恋养育的核心原则 / 009

**第二章 建立安全感** / 011

02
安全感的建立 / 012
安全感的修复 / 017
维持安全感的阻碍 / 019
聚焦依恋关系的对话 / 023

## 第三章　了解主体间性　/ 027

童年时的主体间性 / 030

主体间性的三大特点 / 032

主体间性发展及其影响的实例 / 035

修复主体间性 / 043

影响主体间性的另一种障碍 / 046

聚焦依恋关系的对话 / 048

## 第四章　认识你自己的依恋史　/ 051

发展自主型依恋 / 052

重建依恋模式 / 054

重建依恋模式的障碍 / 058

聚焦依恋关系的对话 / 059

## 第五章　建立 PACE 态度　/ 066

游戏心态 / 068

接纳 / 075

好奇心 / 083

同理心 / 091

PACE，以爱相伴 / 096

## 第六章　沟　通　/ 101

培养沟通能力 / 102

12 个沟通技巧 / 110

改善沟通方式 / 111

影响沟通的因素 / 112

聚焦依恋关系的对话 / 116

## 第七章　情感联结　　　/ 120

培养情感能力 / 121
培养应对特定情感的能力 / 126
阻碍情感能力发展的因素 / 134
聚焦依恋关系的对话 / 136

## 第八章　反　思　　　/ 141

培养反思能力 / 143
反思优点和弱点 / 150
聚焦依恋关系的对话 / 154

## 第九章　关系修复　　　/ 159

促进关系修复 / 160
影响关系修复的障碍 / 171
聚焦依恋关系的对话 / 173

## 第十章　减少依恋抗拒　　　/ 177

依恋抗拒型孩子的特点 / 179
减少依恋抗拒 / 180
陪伴而非孤立 / 188
聚焦依恋关系的对话 / 191
另一段聚焦依恋关系的对话 / 195

**参考文献** / 199

# 第一章 01

## 什么是依恋关系?
## 教养方式是如何影响依恋关系的?

在了解亲子关系的本质和亲子依恋的重要作用时,我们可以看到依恋关系在孩子的情感、认知、社交、沟通,甚至生理及神经发育等多方面都有着重要影响。同样地,虽然可能不那么明显,我们也会常常认识到,怎样做父母对父母自身的发展也是有影响的。

### 关于依恋关系的一些背景知识

依恋理论的创始人是玛丽·爱因斯沃斯(Mary Ainsworth)和约翰·鲍尔比(John Bowlby)。他们认为依恋具有六大特征,其中前五项特征是其他类型的情感联结所共有的特征。依恋关系具有如下特征:

1. 是持续的或不间断的,而不是暂时的;
2. 与某一特定的人相关;
3. 对情感有重要影响;

4. 保持与另一方的联结；

5. 被迫分离期间会感到难过；

6. 寻求安全感和舒适感（此项特征被认为是，依恋独有的特征［Cassidy，1999，P. 120］）。

虽然这六个特征看起来是常识，但是仍需要说明一下，因为它们常常被认为是理所当然的而被人忽略；而且在这个过程中，人们认为依恋关系可能不会像自己希望的那样对育儿产生重要影响。我们的家庭正在发生越来越多的变化，比如搬家，缺少与大家庭和朋友们之间定期的联系，以及离异和混合家庭的增多。由于父母双方经常在外工作很长时间，他们与孩子在一起愉快地互动和游戏的时间很可能会减少，与孩子的分离时间也会变得更长。随着亲子关系面临的压力增加，家长更容易忽视依恋关系的重要性，同时更关注孩子的外在行为表现。这种关注行为的应对方式因为易于应用而广受青睐，但最终结果往往不尽如人意。

人们也想知道为什么依恋关系的这六个特征对于人类发展具有重要作用。为什么孩子需要有特定的父母并与他们建立长期的关系，而不是今天是这对父母，明天又换成另一对父母？为什么父母和孩子在一起时，不断重复的情感联结可以带来安全感和舒适感，而分离却会带来痛苦？为什么我们的依恋对象成了我们了解和探索自己及世界的源泉？以及同样重要的，我们的依恋对象是如何成为这一源泉的？在回答这些问题的过程中，我们了解到孩子的发展是如何与他和父母的关系紧密结合在一起的。

安全依恋关系可以促进孩子在很多方面的发展。包括生理功能和情绪的调节、自主性、适应能力、与同伴交往的能力、同情心、象征性游戏中的表现、解决问题的能力、智力发展、交流和语言技能、自我整合和自我价值等。在学龄前阶段，安全型依恋对这些方面发展的影响是显而易见的，并且只要安全依恋关系没有出现明显的破裂，这种影响将贯穿整个童年期、青春期，直到成年期（Cassidy&Shaver, 1999；Grossmann, Grossmann, &Waters, 2005；Sroufe, Egeland, Carlson, &Collins, 2005）。

大约有三分之二的孩子表现为安全型依恋，孩子将从其对个人发展的积极影响中获益。另外三分之一的孩子则属于不安全依恋。其中大多数不安全依恋的孩子仍然会表现出特定的依恋模式，但这些模式对孩子的发展没什么帮助，并且使他们容易在成长过程中遇到困难时感到挫败。所谓"特定模式"是指，孩子在感到痛苦时对其依恋对象所做出的一系列反应是可预测的。其中一种特定模式——回避型——的孩子可能在他的成长过程中忽略父母的重要性，而过分强调他自身的自立能力。这类孩子会倾向于控制并减少自己对失败和痛苦的体验，因为他们在痛苦时会避免向他们的依恋对象求助，尽管依恋对象的参与可能是非常有益的。另一特定模式——矛盾型——的孩子则过分强调对父母的依赖，认为没有必要培养自己的自立能力。这样的孩子往往不能很好地处理生活中的困难，因为他们不具有父母不在身边时独立应对各种情况的自立能力。其实，回避型依恋关系是以牺牲亲密关系为代价来强调独立性，而矛盾型依恋关系则是以牺牲独立性为代价来强调亲密关系。这两类依恋模式都无法像安全型依恋的儿童和成人那样在独立性和亲密性之间找到平衡。研究非常清楚地表明，安全型依恋的孩子在成年后不会依赖他人。如果父母满足了孩子的安全需要，孩子将会形成良好的自立能力和韧性，同时在情况需要的时候，他们也会向其他人寻求帮助。

最后，还有一类没有与父母形成安全依恋关系的孩子，当他们在痛苦时，他们的行为通常不会表现出某种特定的依恋模式。这些孩子被归为紊乱型依恋模式。他们无法做到完全依靠自己或是依赖父母。他们对压力的反应往往是不可预测的。他们试图严格地掌控自己生活中的每一件事，以避免身陷压力情境，从而获得一定的安全感，因为他们缺乏处理这种事情所要具备的自立能力和人际交往能力。这些孩子不仅无法得到安全依恋带来的积极影响，而且还可能在童年或成年期出现各种心理问题，如攻击性、注意力集中时间短和多动症、品行障碍和其他行为问题，以及焦虑、抑郁和人格分裂等（Greenberg, 1999; Lyons-Ruth&Jacobvitz, 1999; Sroufe et. al., 2005）。

我在本书中对亲子关系的阐述是围绕构建安全型依恋而展开的。个人发展也应该以建立安全型依恋为目标进行规划。

## 与依恋相关的概念

和其他依恋研究不同的是，这本书将从一个更广的视角来看待亲子关系。安全和探索是亲子关系的核心组成部分，而且它们在很大程度上都受到亲子依恋的影响。引用格罗斯曼和齐默曼的话：

"当安全型依恋的孩子遇到挑战时，他们可以灵活地去探索更多可能的解决方案或思考方法，同时在探索过程中一直保有安全感。如果他们感到无能为力，他们会依靠和寻求其他人的帮助。我们把这称为'更广泛的依恋观'，也就是说，在面临逆境时自由地探索，以及自在地寻求和接受帮助，是安全感必需且重要的两个体现（1999，第761页）。"

科尔温·特热沃森（2001）在提到婴儿需要父母的"愉快的、对话式的陪伴"时（第100页），他实际上已经认识到亲子关系不仅仅是安全需求。他指出父母和婴儿之间的协调互动对孩子发展至关重要："脑科学理论的一个重大发现就是确认情绪以及人际间的情感传递在大脑发育和对经验认知掌握过程中的调控作用"（第98页）。特热沃森及其他一些研究者强调，当我们发现婴儿是如何与父母建立亲密关系的，我们就会对父母如何更好地指导孩子的发展有了更新的认识。过去的观点认为父母需要通过"指导或矫正行为"来"约束孩子冲动的自私行为"，以使孩子们"更具备社会责任感"（第99页）。而现在的儿童早期发展的研究认为，儿童需要"首先对个人意识和意图背后的主观冲动进行分享"（第99页）。这一研究表明，对父母而言，更为明智的选择是与孩子同行，而不是高高在上俯视孩子，如此才能与孩子拥有和谐一致的生活。

具有主体间性的互动（intersubjective process），是贯穿本书的一个概念，实质上是指父母和孩子之间的沟通，通过分享彼此的感受，孩子和父母的内心世界得以深入、拓宽和梳理，从而都更加了解自己。这种沟通开始于非言语沟通，但是最终会包括言语沟通。这个过程是相互的，当孩子能够对父母产生影响后，父母才能对孩子产生更有益的影响。这一沟通的过程对于孩子成长至关重要。

沟通中的表达—接受方式对于婴儿的大脑发育具有特别重要的作用，因为婴儿期是大脑和身体发育最快的时候。婴儿和成人照料者彼此之间敏感而直接的行为互动，能够促进他们的沟通，当有一方出现问题，婴儿无法从照料者那里得到回应和满足，那么他的心理发展将会受到影响。（Trevarthen, 2001, P.98）

丹尼尔·西格尔（1999）综合了特热沃森和其他人的许多研究工作，证明了我们现在对婴儿期依恋和发展的了解和认识也适用于人的整个一生。西格尔认为，安全依恋关键就在于父母能够敏感地捕捉到婴儿内心世界变化的信号并给以回应和进行沟通，尤其是非言语交流（第70页）。

西格尔主要介绍了亲子之间的这种交流和分享如何促进孩子大脑的发育，从而促进情感、认知、社交、行为和道德等方面的能力提升。在童年、青春期和成年期，始终需要这种非言语的、一致性沟通。随着心智的成熟，语言往往会成为信息交流的主导方式，但是，如果想要形成深入和有意义的认知，并对沟通双方产生影响，非言语沟通这种基本方式对于双方关系仍然至关重要。

依恋的重要性，不仅在关于儿童发育不同方面的数千项研究中体现得越来越明显，而且在研究大脑结构和功能的最新技术——神经科学中，也越来越表现出来。随着脑科学研究的进展，越来越多的证据表明，依恋关系对大脑有塑造作用，这种关系对大脑的基本发育，尤其是最优发育是至关重要的（Schore，2000）。当婴儿和他的父母处于协调的、具有主体间性的非言语交流过程中时，婴儿的大脑前额皮质的关键区域就会被激活和塑造。婴儿独自一人时就不会有这样的大脑激活过程。大脑的这部分区域对于大脑的重要功能区域至关重要，包括情绪调节、社会认知、同理心、反应灵活性、自我意识以及恐惧调节等区域（Siegel，1999）。在大脑研究中的这些发现以及其他发现表明，安全依恋对于儿童很多领域的最优发育都是至关重要的（Schore，2000，2003，2005）。

在所有这些对依恋关系的研究中，亲子沟通被视为关系的核心，沟通从婴儿在父母的怀抱里开始，到父母在孩子的拥抱中去世时结束。通过父母与孩子的非言语和言语沟通，父母向孩子敞开了心扉，让孩子知道他在父母的内心中占有重要地位。父母向孩子分享自己的想法、感受、愿望和意图、看法以及回忆，知道孩子不会因为父母的看法而受到伤害。他们相信当孩子感觉到父母对其行为的愤怒时，孩子的安全感不会受到影响，因为孩子知道父母的愤怒不是针对他的内在自我，亲子关系很容易修复。

同样地，父母也会积极地促使孩子愿意和能够对自己的内心世界进行思考，并与父母分享。父母让孩子知道：他可以放心地分享自己对内心世界的思考。他的想法不会被评判，是会被接纳的。事实上，他可以放心地让父母和他一起探索自己的思想和内心，去发现那些表现出来的或者被隐藏了的想法。父母在孩子内心世界上的参与和支持，将使孩子能够调节任何强烈的情绪，并理解那些令人感觉恐惧或羞愧的事情。

## 依恋理论中的关键词

**依恋关系**是指孩子与父母的关系，而不是父母与孩子的关系。与父母形成安全依恋的孩子，会向父母寻求安全感和帮助。而父母则不会向孩子寻求安全感和帮助，他们通常会向自己的配偶、父母和朋友寻求安全感和支持。正如书中所使用的术语一样，父母与孩子之间存在着亲密的情感联结，孩子依恋父母，但父母并不依恋孩子。

**主体间性**是指关系中的一对主体里的每一位成员的主观体验都会影响另一位成员的主观体验的过程。通过了解父母的主观体验，孩子们能够调整自己的状态，发现他们自己的内心世界以及父母的内心世界的核心特质。在这种主体间体验的互动中，孩子对自己的想法和情感、认知和回忆、愿望和意图、价值和信念进行了梳理和深化。父母对孩子感受的认知极大地影响了孩子认识自己的能力的发展。父母对于他的世界里出现的事情和事物的看法也极大地影响了他看待这些事情和事物的方式。

本书中，情绪被定义为一个人情感状态的非语言表达。情绪通过一个人的面部表情、声音韵律（语气、语速、语调的抑扬变化、音高、强度）、手势和身体姿势来表达。心理学理论家和研究者丹·斯特恩认为，情绪可以根据其强度、节奏、节拍、轮廓、形状和持续时间来判定。特定的情感有其特有的情绪表达。通过一个人的面部表情、声音和手势可以觉察他的情绪表达，从而很容易判断他是否正处于愤怒、恐惧或快乐中。情感的交流主要就是表现出其特有的情绪表达。

区别情感及其情绪表达非常重要，原因有二。第一，当父母对孩子某种情感的情绪表达能够正确判定时，父母本人不必体验同样的情感，孩子就会感受到被接纳、理解和同情。当父母的回应与孩子的面部表情、声音韵律以及手势一致时，孩子就会觉得："她明白了！"第二，当父母能够正确判定孩子的情绪时，孩子就会和父母一起来调整他的情绪状态。如果孩子处于极端的情感之中，父母不需要自己去体验这一情感，只需要做出与孩子这一情感的情绪表达相一致的回应，孩子的情绪（以及潜在的情感）就可能不那么极端了，并持续被调节。情感和情绪的区别会在第三和第七章中有进一步的解释。

当孩子吼道"我现在不想打扫我的房间"，他可能是通过他的声音、表情和手势来表达他的愤怒。家长可能会用与该情绪相似的某种非语言表达来回应，以和孩子的声音大小、节奏及其特有的面部表情相一致，"你现在不想收拾！你更想和朋友一起玩！"父母的情绪表达其实是表现了孩子的（而不是自己的）情感状态。她并没有生气，相反，她对于孩子现在不想去打扫房间的想法表示接纳、理解和共情，孩子就是通过自己愤怒情感的情绪表达向父母传递了自己的想法。当孩子的情绪表达与父母的回应一致时，他的愤怒就不太可能再激化了。这种情绪的一致性被称为"**同调**"，在这本书中经常会有实例来佐证。

**反思**是指一种特定的思维方式，是关注自己及他人的内心世界的思维方式。通过反思，我们能觉察到某个行为背后的想法、情感、愿望、意图、认识、价值和回忆。通过增强孩子的反思能力，孩子能更好地理解自己以及父母做某些事的原因。

## 依恋养育的核心原则

任何关注依恋的养育方法都必须首先关注安全感及其在孩子发展中的核心作用。安全感指的是孩子对安全的整体感觉，而不仅仅是指人身安全。如果不能感受到安全感，孩子及其父母就不能调用他们全部的资源，也不能在面临特定情境时给以最佳的回应。安全感将在第二章中详细探讨。

第三章着重介绍对主体间性的理解。这个词尚未广为人知，它主要说明了当一个孩子能够体会到他父母的感受时，他的情感、社交、文化和许多实践认知等方面的核心特质是如何发展和深化的。如果观察婴儿如何从父母身上学习，就会非常明显地看到这个过程。这本书希望也能说清楚为什么这种学习能力的提高对更大年龄的孩子来说同等重要。

依恋研究者发现对儿童依恋模式的一个最重要的预测指标就是父母的依恋模式。这两者之间的联系及对养育的启示将在第四章进行详细探讨。

当保持安全依恋时，孩子的内心世界和父母的内心世界之间有着非常重要的联结。第五章重点介绍有助于促进这种联结的一种态度。这种态度包含四个要素（PACE）：游戏心态（Playfulness）、接纳（Acceptance）、好奇心（Curiosity）以及同理心（Empathy），能让孩子在安全和可以探索的环境中，促进他们的情绪表达和反思能力的发展。

第六章主要介绍能促进安全依恋和主体间性的主要沟通模式。这种模式在父母和婴儿之间显而易见，并以相互的非语言表达为主要形式，表现出对彼此内心世界的关注和理解。这种沟通更像是讲故事时的互动对话，而不是说教和给出建议。

在第七章中，我们会谈到情感发展的重要性，以及情绪发展与之前提及的情感联结之间的密切联系。孩子对特定情绪或一般情绪状态的认识、调节和表达等能力，是通过亲子关系而形成的。在这种亲子关系中，父母不仅重视这些能力的发展，而且自身也具有较高的能力水平。

当一个孩子的反思能力得以发展时，他的情感发育也会得到增强。这使他能够认清眼前的情况，以及他的整个人生道路（就像一种个人自传体叙事），从而可以更好地规划自己的人生之路。孩子情绪调节能力和反思能力的整合对成长中的孩子裨益良多，而且父母可以在帮助孩子发展反思能力方面发挥积极作用。反思能力是第八章的主题。

第九章着重讨论了当亲子双方遭遇冲突、分离、误解、管教或其他不能陪在孩子身边的时候进行亲子关系修复的必要性。这种关系的中断在任何人际关系中都很正常，但如果想让孩子有足够的信心与父母建立安全型依恋关系，那么亲子关系的修复就是非常必要的。

最后，第十章着重于探讨那些可能会影响孩子建立安全依恋的重大问题，并提供了一些方法来帮助家长解决这些问题和修复亲子关系。当依恋关系有重大问题出现时，会有一个较大的螺旋式下降的风险，这可能会导致剧烈的冲突和严重的问题。当依恋关系得以增强时，这些问题就极有可能被成功解决。

这些原则适用于从婴儿期到青春期后期的所有孩子。这些方法的运用肯定会根据孩子的年龄而有所不同，但其核心的原理是适用于所有年龄段的，因为该核心原理源于对大脑功能以及学习、发展机制形成的理解。

# 第二章 02

## 建立安全感

安全感是家庭生活和人类发展的基础。安全感虽然是依恋关系理论的根基，但往往被其他理论忽视或认为是理所当然的。如果没有人身安全保证，很显然我们将没有机会长大成人。如果没有安全感，我们的潜能就得不到很好的激发。当我们感到不安全时，我们的大脑就不能很好地工作；当无法确定是否安全的时候，大脑就会主要关注如何获得安全感；当我们感到不安全时，我们的首要任务就是再次获得安全感，此时通常感兴趣的事情也会变得不重要。例如，一个蹒跚学步的孩子可能正在非常感兴趣地观察家里那只小猫玩球，他的面部表情、声音和随时准备动起来的状态都体现了他的兴奋和关注。但后来，这只猫开始与孩子玩耍，并抓伤了他。这突如其来的疼痛感会让孩子立刻开始哭闹，并找寻他的母亲或父亲——他依恋的对象，因为孩子的依恋对象可以帮他止疼，从而使他的安全感得到恢复。我们可以确信，这样的事件正是依恋行为存在的主要原因——为了确保孩子是安全的，并且每当孩子受到威胁时，都可以帮助他们重新建立起安全感。

同样是观察小猫,当孩子在观察的过程中,听到他的母亲发出一种高分贝的、不寻常的声音时,他会立刻去寻找自己的母亲。如果看见了母亲,他就会关注母亲的面部表情和动作,来判断母亲是否安全,或者母亲认为他是否是安全的。如果他没有看到母亲,他就会焦虑不安,并充满期待地等着下一个迹象来确定发生了什么事情。他可能会哭或尖叫,试图引起母亲的反应,以确定他是否需要害怕。在整个过程中,正在玩球的小猫已经不是他的关注对象了。这个时候,对于小猫嬉戏,孩子不再喜欢或者感兴趣了,除非他能够确定他和母亲是安全的。如果母亲感觉不安全,孩子很有可能也会感觉到不安全。

帮助孩子建立和维持安全感(也包括安全本身)是儿童的依恋对象最主要的职责。一旦安全感建立起来,孩子就可以基于个人的兴趣和能力自由地探索和全面发展。然而,安全感不是理所当然就有的,它需要在孩子感到危险的时候,不断地进行重建。随着他长大,他越来越有能力维持自己的安全感。然而,尤其是在孩子成长早期,也包括童年和青少年时期,甚至是成年时期,孩子的依恋对象都在建立孩子安全感方面起到关键作用。

## 安全感的建立

下面列举了能够确保孩子有安全感的几个关键点。而安全感的建立对孩子持续的幸福和发展来说是至关重要的。

### 确保依恋对象持续存在

学龄前儿童在他们的主要依恋对象不在身边的情况下,如果有一个替代依恋对象能够持续地照顾他们,他们的安全感也会得到维持。当这些孩子没有任何依恋对象时,他们就会一直感到焦虑,这可能会引起孩子强烈的、冲动的忧虑情绪爆发,或者会使孩子退缩到一种消极的状态,即宁愿把强烈的情感压抑在内心深处,也不再有任何情绪表达。当日托照料机构能够成为这样的替代依恋形象时,年幼的孩子就更容易适应主要依恋对象不在身边的情况,并且他们即便感到忧虑也会比较短暂,会比较容易调整和转化。我们说的替代依恋对象可能是一个亲戚,或是一个日托照料者,她们在类似家的环境里,给孩子提供持续的和个性化的照料。如果日托所中的照料者因为对其他工作感兴趣而仅仅照顾了孩子几个月的时间,或者一位照料者要照顾很多个孩子,不能了解每个孩子的独特之处,这样的照料者不能成为孩子们的替代依恋对象,尽管他们能确保孩子们的人身安全,但并不能给孩子们带来心理上的安全感。依恋对象持续存在对于 3 岁以前的孩子是非常重要的,因为一个年幼的孩子还不能保留对依恋对象的持久的感觉。这些年幼的孩子需要一位依恋对象在他们醒着的时候近乎全时程的陪伴,这样使得孩子能够拥有安全感,从而能以开放的心态充分参与到对环境的探索和学习中。

### 保持可预测性

通过建立生活规律,有节奏地安排日常活动,形成一定的生活习惯等方式,可以实现可预测性,从而为孩子创造一种广义上的安全感。在一个固定但不死板的规律性安排中,日常生活中遇到的主要变化都是细微的,可以被理解的,并且易于协调。给孩子提供多种选择和自由时间肯定有利于孩子培养兴趣、激发热情和形成主动性,从而促进孩子独立性和创造力的发展。然而,当孩子对这样的自主选择或行为并不接受时,给孩子这样的自由反而可能会让孩子产生焦虑,降低安全感。是否愿意接受这样的自由安排,取决于孩子的发育年龄、性格、特定情况下的自信,以及整体的情感和身体状态。父母需要去寻找规律性和灵活性之间的平衡点，只有根据孩子对于规律性和灵活性的反应进行调整，才能找到最佳平衡点。父母需要记住这一点，孩子昨天和今天所愿意接受的自由时间的长短，可能完全不同。要想使父母为孩子做的决定是最适合孩子的，就需要父母有一个日常习惯——那就是接受主体间性的理念，和孩子保持一致。

### 管教时提升安全感

管教通常包含两个特点：安全感提升和焦虑感增加。安全感的提升是因为孩子知道父母积极参与其中，而父母有最好的应对该情况的知识和经验。焦虑感的增加则是因为父母的决定与孩子的愿望不一致所带来的孩子内心的挫败感和内在冲突。这样的冲突可能会给亲子关系带来影响，尤其是当孩子不清楚父母的用意时。为了提高孩子的安全感，希望家长能够记住下面这些可能会有用的内容：

- 父母应该以一种开明和自信的态度来传达他们对于管教的决定，让孩子清楚地知道他们的动机以及所期待的结果。父母沟通的目的不是为了让孩子认同他们的决定，而是为了提供给孩子相关的信息，从而让孩子理解他们的决定。如果把注意力放在要求孩子认同父母的决定，会显示出父母对于意见分歧和冲突的恐惧，并使孩子更困惑和更不清楚。

- 父母应该对孩子的观点持开明的态度，这样孩子就知道父母相信他们所做的决定是最好的选择，但仍然愿意持续了解孩子的期望。

- 父母比较明智的做法是，传达决定的同时，对孩子的期望与父母决定之间的冲突所带给孩子的挫败感表示理解和同情。这样会使孩子能够理解和缓和管教所带给他的忧虑，并更容易接受父母的决定。

### 提前做好变化和分离的应对准备

对于重大变化,例如搬家或更换日托所,父母需要提前规划,并让孩子参与其中。孩子需要知道发生了什么事,因为他可能会认为是由于自己某些方面没做好才导致这件事的发生。当他对事情会如何进展有一定的掌控,当他有机会结识新朋友,或者参观他的新家和新社区时,他的担心就会减少,并更可能告诉父母令他感到忧虑的事情。他也非常有可能从整个过程的参与中受益(例如,布置他的新卧室,向新的托儿所的照料者展示他最重要的东西)。

分离的发生,可能源自一些常见事件,比如上学、商务出差、父母度假或在朋友家过夜,也可能源自一些不常见的事件,比如疾病、搬家或死亡,最好能够清楚这些分离事件的发生可能会威胁到孩子的安全感。应对分离最好的方法是让孩子了解正在发生的事情,以及这将可能给他的日常生活带来什么样的影响。对于孩子来说,知道自己将会在哪儿,和谁在一起,要做什么,以及将要和父母分开多长时间,是很有帮助的。我们也许还可以告诉他,当他感到难过或遇到具体困难时,他和那些照顾他的成年人可以做些什么。带孩子提前参观一下要去的地方,让孩子提前和他的照料者见个面,这些都可能会增加他的安全感。应该让孩子有机会对计划中的分离表达自己的疑问、担心以及反对的想法。试图劝他不要担心,或是用各种保证来说服他,只会增加他的焦虑和抗拒。需要允许孩子去体验和接纳他自己的痛苦,即使这样会使父母也感到痛苦。父母首先应该让孩子确信自己的担心得到了理解,然后才是相信孩子能够应对这种情况。对于孩子想要逃避这种情况的心理,父母也应该给予认可、接纳和同情。如果孩子表示不想分离,以及分离会使他很痛苦,父母也应该去接受,同时让孩子知道父母相信他（在其他人的帮助下）能够应对他所认为的艰难时刻。

父母也可以给孩子一些能够代表他们之间持续关系的物品，来帮助孩子应对分离，这些物品包括照片、衣服、纪念品、小便条等。父母也可以让孩子给自己一些可以全天携带的东西（这样也可以让孩子放心，父母并不会忘记他们）。第九章将进一步讨论关于分离的话题。

避免"不理孩子"

当孩子生气时，如果父母采取"不理孩子"的方式来回应，通常会使孩子感到害怕，并可能只会更加剧他的愤怒。当孩子不愿意接受管教时或者因为他的行为需要加以惩罚时，明智的做法是不把"不理孩子"作为额外的惩罚。当孩子的情绪变得强烈的时候，父母最好还是和他保持亲近，这样他就可以依靠父母调节情绪的能力来更好地调节自己的情绪。当孩子感到害怕或难过时，父母凭直觉就能感受得到。当孩子生气的时候也是如此。一旦"暂停"可能会发展为不理孩子，那么选择"恢复联结"可能会更好些。

当父母自己处于情绪失控的时候，"暂停"可能会比较有帮助，因为在这种情况下她已经不能给孩子带来安全感了。不断被激发的情绪失控可能会导致问题更加严重。在这种情况下，父母可能比孩子需要更多的"暂停"时间。当需要这种分离时，父母要明白他们并不是在拒绝孩子，这会是非常有帮助的。对孩子说一些类似下面的话可能会更有帮助：

"嘿，吉姆，我还在思考我们之间刚刚发生的事情。我得先到家庭室去冷静一下。等我们俩都平静下来以后，我们可以再聊一聊。"

如果孩子需要一段短暂的独处时间来帮助他自己平静下来,他就应该有自主选择是否与父母分开一会儿的权利,而不是父母强迫他这样做。

### 审慎应对意外情况

对意外情况要保持警觉。需要事先考虑到意外情况会给孩子带来怎样的体验。孩子因为日常生活的意外变化失去了什么?这个意外的变化是否是这个年龄段的孩子能接受的?当最近发生的意外事件让人感到了压力或痛苦时(比如疾病、事故、死亡、离婚),孩子的第一反应可能是情绪失调和忧虑。这样的孩子可能会渴望重复以往的活动以获得安全感。

对一个孩子来说,意外和刺激并不一定是一种积极的体验。这些意外和刺激需要与他们过往的经历和期望保持一致,如果让孩子减轻焦虑就需要进行恰当的调节。父母需要对自己孩子的特点和所处的情况充分了解和保持敏感,在此基础之上确定这种意外情况对孩子是否有积极作用。

## 安全感的修复

对于我们所有人,尤其是对孩子来说,在日常生活中往往会遇到安全感降低的情况。一次冲突、一件不可预期的事件、一些让我们想起过去痛苦经历的事情,都能使我们的安全感发生变化,让我们感到焦虑和不确定。不管是通过反思,还是与其他人尤其是依恋对象进行沟通,当孩子们对这样的状况能够很好地认识、应对并解决时,这类事件对于孩子安全感的影响将是很小的。对于孩子来说,拥有一个能帮助自己修复安全感的依恋对象的陪伴往往是至关重要的。随着孩子年龄的增长,他自己的反思能力往往可以让他独自修复安全感。

### 关系修复

当父母和孩子之间因为一次冲突导致关系破裂时,父母如果能够尽快积极地促进关系的修复,孩子的安全感就会得到加强。为了让孩子一直拥有这样的安全感,父母就不应该采用"不理孩子"的方式,也就是说,由于孩子的行为,父母较长时间拒绝与孩子进行交谈。这种收回爱的做法会让孩子害怕分离,甚至会担心被抛弃,这可能会破坏孩子的安全感。第九章将更详细地讨论关于关系修复的话题。

### 对恐惧感受表达共情

当一个孩子表现出非理性的恐惧时,对父母而言,重要的是要记住,不管是对成年人还是孩子来说,往往缺乏足够的理智来应对恐惧。如果父母经常带着沮丧和急躁的情绪对孩子说教,以此来应对孩子的恐惧,这种方式往往会让孩子觉得更加害怕。那时,孩子很可能会觉得父母一点都不理解自己,也不能从心理上帮助自己克服恐惧。当孩子无法认同父母处理恐惧的理性方式,他会感到更加无助,因为父母提供的解决办法不起作用。孩子现在就会预料到,他很可能要独自一人面对恐惧,至少心理上会体验到孤独。反之,当他能确信他的恐惧得到了父母认真的对待,当他能感觉到父母的共情和理解,他可能更愿意接受父母的帮助,同时也会坦诚地说出自己对于如何应对恐惧的思考,从而减少恐惧。

### 将不明恐惧引入到对话中

有时，孩子会表现出一种不能理解也无法表明缘由的焦虑感。孩子可能会害怕告诉父母他自己的恐惧，或者孩子可能也不知道为什么他会感到恐惧。家长对孩子的严肃的质疑，以一种严厉可能同样焦虑的态度来关注潜在问题和恐惧，这对于处理孩子的恐惧很可能不会有任何帮助，甚至可能在孩子内心深处反而引发了更大的焦虑。如果能以一种轻松的、类似讲故事的形式讲述家庭成员生活中的各种事情，这样的闲聊会更富有成效。这样的"对话"常常使孩子感到安全，从而也可能使孩子更愿意谈论那些使他们焦虑的事情。第六章会详细探讨这种沟通能力的发展。

### 维持安全感的阻碍

有时，一件事（如一次创伤）或一个持续的状况（如婚姻问题）都可能会使孩子的安全感较难得到修复。这些情况对于重新建立安全感会产生阻碍，这就需要父母在更长的时间内要一直关注着孩子的痛苦。孩子可能需要在多个情境下多次去探知他自己的恐惧，虽然这些恐惧看起来好像是得到了解决，但可能在未来某一时刻或在不同的情境下会出乎意料地再次出现。对于这种状况，父母能够给以接纳和耐心，并且能和孩子一起对痛苦进行反复探索，对于最终完全消除该事件对孩子的影响是至关重要的。

## 创伤

当孩子突然经历强烈的恐惧（如被狗追或被狗咬伤）、疼痛（如手术或一场严重的疾病）或虐待（可能来自熟人或者陌生人）时，他的安全感会受到极大的破坏，同时还有发生创伤反应的风险，这可能也会产生相关的心理问题。安全型依恋可以让孩子获得安全感，或能更好地应对恐惧或痛苦，还能对创伤反应起到了最佳的防护作用，也会促使孩子最快地解决已经发生的创伤反应。如果孩子能够依赖的依恋对象没有陪伴在孩子身边，孩子不得不独自面对时，那么强烈的痛苦会给孩子带来更严重的问题。对于孩子来说，既能够感受到父母在面对创伤事件时对他的支持，又能体会到父母相信他能在父母帮助下处理好创伤，这两点非常重要。如果他觉得父母担心他"永远不会恢复"，他就非常有可能"永远不会恢复"。如果父母相信他会恢复，他就真的更有可能恢复。

突然发生的恐惧事件之后，孩子将会出现强烈的情绪反应和身体上的失调，可能会痛哭、尖叫、颤抖以及会有重复的动作和表情。在这种时候，对于父母来说接纳孩子这种强烈的情绪状态和身体反应，并陪在他身边，会更有帮助，而不是立刻通过再三保证来试图说服孩子摆脱恐惧，力劝他冷静下来，或者把他从恐惧中惊醒。和孩子在一起，在情绪上和身体上都与孩子保持一致并随时调整，就可能给孩子提供所需要的安全感，使他能够放心地用情绪和身体去表达他所感受到的恐惧。这能够帮助他通过自己的动作和情绪表达来逐渐释放恐惧。通过这一过程，父母能够"协同调整"孩子的失调状态，关于这一点在第八章中将进一步讨论。

父母帮助孩子释放了一些恐惧之后，就可以帮助他对事件进行反思，以使他在最大程度上理解该事件。那时，他也很可能接受父母对该事件的看法。一旦孩子在情绪和身体上有一定的控制力，那么他也就可以发展认知上的掌控力。

现在，孩子已经做好准备重新开始他的日常生活了。能够给他带来安全感和舒适感的可预测的日常活动就显得尤为重要。与主要的依恋对象持续保持亲密关系，对于孩子的安全感是至关重要的，同时也能帮助他了解何时应该在日常生活中承担更多的责任。对于孩子什么时候做好准备重返学校和在其他家庭之外的地方进行体验，家长需要灵活应对。她需要让孩子相信自己有足够的能力来面对日常的挑战和承担自己的责任，同时也要让孩子知道，对这个过程要有耐心，并认可"慢即是快"的道理。

如果没有专业人士的帮助，那种因为突发事件产生的恐惧感恐怕是无法彻底消除的。在过去的10~15年里，以创伤为主要关注点的心理治疗方法得到发展，这些疗法有效地解决了某一事件对成人和儿童所造成的心理创伤。这些治疗方法很可能对那些建立了安全型依恋的孩子更有效。我还认为，父母应该与孩子一起参与治疗，但前提是他们能和治疗保持一致，并在心理上陪伴和支持孩子。父母和治疗师单独会几次面也可能会很有帮助，他们可以一起探索更有效的方式来消除突发事件给孩子带来的恐惧感。

### 婚姻问题

如果父母不和或彼此疏远，不论这种状况是突发的还是长期存在的，孩子的安全感都会受到影响。这种状况会带来很多问题：

- 制造了一种紧张的家庭氛围，没有人能在其中感到安全。
- 放松的对话、分享和利他行为非常少见，冲突和情感距离给家庭关系蒙上阴影。

- 家庭成员对于婚姻的未来，当然也包括家庭的未来，都产生了怀疑。家庭经济状况的变化，是否会搬迁，是否会有人离开，对亲子关系会产生什么样的影响，等等问题都难以确定。孩子很可能会认为父母中的一位会离开家。
- 孩子怀疑自己是导致父母婚姻问题的原因。随着这种怀疑的持续，孩子可能会产生羞愧感。
- 当孩子认为自己有责任帮助父母解决他们遇到的焦虑和沮丧的问题时，他会产生焦虑感。
- 当孩子认为自己有责任要维护家庭和谐和阻止家庭问题出现的时候，他也会产生焦虑感。

当婚姻存在问题的时候，可以用孩子可以听明白的话向孩子说清楚，表达"婚姻的确存在着问题"可以减少对孩子安全感的影响。最好不要提供有关婚姻问题的具体细节，也不对未来做出保证和承诺。当父母以一种实事求是的方式来表述问题时，孩子就会觉得父母正在处理这个问题，并且不管发生什么，他们都能照顾到孩子的全部需求。下面的这些话可能会帮助孩子在痛苦的状况下，尽可能维持安全感，从而使孩子可以应对这种状况，不会产生心理创伤：

我肯定你最近注意到了妈妈（爸爸）和我相处得不好。我们最近有很多的争吵，欢笑和谈话都变少了，在一些事情上也不像以前那样达成一致。这不是你的问题，你也不用做什么事情来帮助我们。这些问题需要我们自己去处理和解决，不需要你做些什么。在我们努力解决这些问题的时候，我们会一直照顾好你的。如果你认为我们不像过去那样关心你了,请告诉我们。如果你对正在发生的事情有疑问,可以问我们,如果可以跟你说,我们一定会告诉你。我们两个仍然非常非常爱你,这一点永远都不会改变。

这些话虽然有帮助,但如果孩子已经认为爸爸妈妈有可能会离婚,那这样的对话就可能还不够。如果孩子的这种担心很明显,那么父母可能需要再多向孩子做一些说明(如果你的情况正好与下面说的一样的话):

我们现在没有考虑离婚。我们希望避免这种事情发生,爸爸妈妈也都在努力防止出现这种情况。但是,如果日后我们没有成功解决问题,并决定要离婚,我们一定会提前告诉你。不管怎样这都不是你的错,我们仍然会继续爱你,照顾你。那时候我们也会让你知道,这件事将如何影响我们所有人,以及我们将如何照顾你。

## 聚焦依恋关系的对话

下面的例子是孩子在遭受痛苦、安全感被破坏时母亲和孩子之间的一段对话。母亲首先以促进孩子安全感恢复为目的进行回应,其次才考虑用什么方式能更容易应对这种状况。

本今年7岁,他骑着自行车撞上了一棵大树,摔到了地上,把腿摔断了,脸上和手臂上也有伤口和擦伤。他正在急诊室接受治疗。

在这个例子中,本的母亲首先表达了对他的焦虑和痛苦感受的接纳、理解以及同情。她通过与他的声音节奏、强度和音调,以及面部表情和手势保持一致来传达对他的接纳、理解以及同情。他的声音、面部表情、手势是他的非语言情绪表达，体现了他的恐惧情感和对疼痛的体验。通过与他的情绪反应共鸣，她不是去和孩子交流对恐惧的看法，而是表达了共情。在他感到恐惧时，母亲在他身边。孩子通过觉察到妈妈的情绪表达能够与自己的情感共鸣，感受到了妈妈对自己的共情（表达自己的情感，与表达对他人的共情，所用的非言语表达方式是完全不同的）。因此本不会对母亲与他共鸣的声音、表情、动作感到困惑。他知道母亲的情绪表达代表着对他的理解和共情，所以他会感到更安全，因为他知道母亲并不像他那样感到害怕。

**本**：妈妈，好疼啊！哦，妈妈！！

**妈妈**：我知道，本！我知道一定非常非常疼！（她抱住他的肩膀，并且随着他的身体轻轻晃动。）

**本**：是的，妈妈，真的好疼！

**妈妈**：是的，本！我知道，亲爱的，我知道。我会在这里一直陪着你。妈妈就在这里，本。（她抚摸着他的头发，握着他的手，同时仍然随着他的身体晃动。）

**本**：让伤口别再疼了，妈妈！快让它别再疼了！

**妈妈**：亲爱的，我希望我能让它不再疼了。我真的希望我能做到。

**本**：妈妈，求求你别让它那么疼了。

**妈妈**：亲爱的，我做不到。我不能让疼痛立刻停止。但我会和你在一起。我就在这里，过段时间伤口就会开始不那么疼了。

**本**：妈妈？什么时候会不那么疼呢？

**妈妈**：我不知道，宝贝。医生得先来检查一下伤口，她会让我们知道大概多久就会好起来的。

**本**：但是她会让我更疼的吧！不要让她看，妈妈，不要让她看！

**妈妈**：亲爱的，让医生来检查你的腿看起来好可怕！我知道，宝贝，我知道这很可怕，我会陪着你的！

**本**：妈妈，我不想让她检查！

**妈妈**：本，我们需要让医生帮助你检查一下。她需要确定如何医治你的腿，这点妈妈做不到，本，所以需要让医生检查一下。

**本**：妈妈，如果医生碰我的腿，伤口一定会更疼的！

**妈妈**：可能会有一点儿疼！但只需要很短的时间做检查，这样医生就会知道怎样让你的腿好得更快。医生会知道的，然后你的腿就会更快地恢复。

**本**：妈妈，我想回家！妈妈，我们不能回家吗？

**妈妈**：宝贝，我知道你在这里觉得很害怕。妈妈都知道，宝贝！

**本**：妈妈，我们现在回家吧，妈妈！我们回去吧！

**妈妈**：宝贝，医生帮你固定好腿，检查完其他的伤口之后我们就回家。她一定会尽最大努力去帮助你的。然后我们就回家，宝贝，然后我们就回家。我们一起回家。

**本**：我现在就想走，妈妈！

**妈妈**：我知道你现在想走，本。妈妈知道……妈妈知道……在医院期间我会一直陪着你的，宝贝。

**本**：妈妈，我害怕！求你了！（本开始哭泣。）

**妈妈**：哦，宝贝！（她抚摸着他的头发，把他的头靠在她的胸前，紧紧地握住他的手，随着他的身体一起前后轻轻地晃动着。）你一定很疼，但你现在很安全。跟妈妈在一起你是安全的。让医生看看会稍微疼一点，但是我会一直陪着你。和妈妈一起待在医院里，就不会感觉那么疼了。不会那么疼的。

本：是吗，妈妈？真的不会那么疼吗？

妈妈：跟我在一起，宝贝儿，跟我在一起，不会那么疼的。是的，不会那么疼的。是的，不会那么疼的。

本：我爱你，妈妈。我爱你。

妈妈：我也爱你，宝贝。你是我的小男子汉。你是我最爱的小男子汉。我们会一起渡过难关的。是的，我们一定会的。

# 第三章 03

## 了解主体间性

一旦建立了安全感，婴儿就准备好开始了解这个世界了。婴儿的学习主要来自于两个方面：自己的身体和父母。身体向他的神经系统提供了持续不断的输入，这种输入或是来自饥饿、寒冷、困倦等内在感觉，或是来自孩子与外部世界的互动——通过触觉、味觉、嗅觉、听觉、视觉去感知这个世界。能够激发孩子去了解外部世界的意愿，主要是来自他的父母。婴儿安全感的主要来源也是他学习的主要来源。从他还在子宫里开始，以及此后的几个月甚至几年里，他学习的主要来源都是他的父母。

孩子的第一个意识就是把父母视为安全感的源泉。当他感到寒冷或饥饿时，如果父母抱抱他或给他穿上衣服或喂他食物，他的痛苦就会减少。如果父母对孩子身体上和情绪上的负面感受做出回应，这种不好的感觉就会消失。当负面感受消散时，年幼的孩子就会开始注意到周围的事物。他会注意到颜色、形状、动作、声音，以及对皮肤的压触或动作。在这些感觉中，他会先关注某些声音（嗓音）和某些形状（人脸）。他更喜欢能动的物体，他最喜欢的活动是能够对他自己的行为做出回应的活动。当他看着妈妈的眼睛时，妈妈回头看他会使他兴致盎然。当他听到妈妈的声音时，如果妈妈的声音在顺序、强度和节奏上与他自己的声音相一致时，他会最感兴趣。同样地，妈妈的面部表情如果与他的面部表情类似，并且对他的面部表情做出回应，也会使他非常感兴趣。

从孩子刚出生开始，家长依据孩子的行为进行的回应，已经被证明是孩子学习的最大来源。这种关联——孩子做出某个行为，家长给予回应，或者是家长做出某个举动，孩子给予回应——这会给孩子一种掌控感，促使他发展自己的能力来实现他的目的。在他的世界里，他可以实现改变。他能够在很大程度上影响家长的行为，这远远超过了他对椅子、灯、苹果甚至手机或猫的行为的影响。伴随着这种掌控感，孩子开始注意到，家长也会主动先做出某个行动。当他回应时，他们也回应他。家长将动作、声音和身体接触引入他的意识中，然后根据他的相关反应进行回应。带着掌控感，孩子也会体验到一种互动关系。某种程度上，孩子主动做出某个举动与家长的行为有关，而家长主动做出某个举动也会引起孩子的回应。这种相互作用，或这一系列的具有关联性的回应，代表了孩子与世界沟通的开始。家长的特定回应与孩子的特定行为有关，反之亦然。

这种具有关联性的回应对孩子有什么重要的影响？为什么会产生这些重要影响？这些相互影响的互动开启了孩子学习的大门。显然我指的是社会学习，但也包括情感、心理、沟通、文化、行为甚至知觉和身体方面的学习。这种互动，展现了他是如何开始发展、加深和组织他探索世界的体验。父母所感兴趣的东西影响了他所感兴趣的东西。父母运用语言的方式对他形成自己的语言技能也会产生影响。父母的价值观和喜好自然地影响着他自己在这些方面的发展。相比于得不到父母回应的行为或者父母以令人不愉快的方式（令人不愉快的声音、面部表情或者触摸）进行回应的行为，他更倾向于做那些被父母接受并回应的行为。

这种相互影响的互动在幼儿的心理发展中起着更为基础和关键的作用。父母的回应和互动使他开始形成自我意识。他是谁，以及他发现自己是谁，孩子的这种自我意识主要是来自被父母看到、定义和回应的自我。当他的父母对他有某种认知时——理解他的情绪表达和行为，这种理解通过孩子情绪表达和行为对母亲所产生的影响而体现——他也会以同样的方式看待自己的情绪表达。当父母认为他是聪明的时候，他也觉得自己聪明。同样，如果父母喜欢他，他也会感到自己是令人愉快的。如果父母对他充满兴趣，愿意和他在一起，并且爱他，他也认为自己是有趣的、令人快乐的和受人喜欢的人。

这种交流成了幼儿发展自我体验的参照对象。它们极大地影响着孩子的心理发展，可好可坏。就像孩子可以推断出自己很令人愉快一样，他也可以得出其他人不喜欢自己的结论。如果父母平时总是厌烦他，他会认为自己令人厌烦。如果父母习惯性地对他发脾气，他会认为自己一定在某些方面是有问题的，或者认为自己是个坏孩子。如果父母平时总是忽视他，不回应他也不与他互动，他会认为自己是不令人喜欢的。

在生命的第一年里，婴儿能通过与父母的非言语交流推断出父母的意图。当父母指着一个玩具时，他会明白父母希望自己看着玩具。当一首歌响起时，如果父母表现得很高兴，孩子就能看到歌曲对父母的影响，如果父母同时也在看着他，他就会知道父母是希望他也可以欣赏这首歌。

与此同时，婴儿越来越能够将自己的意图传达给父母。他的行为反映了他的愿望，即父母听他发出的某个声音，给他拿一个玩具，或者和他玩游戏。当他们回应他的愿望时，他既发展了自己的交流能力，也了解了父母愿意以他希望的方式与他互动。他能够引起父母的回应。他对其他重要的人能够产生积极影响，这让他体验到掌控感。婴幼儿和父母不是简单地模仿彼此的行为，确切地说，他们就像在跳一支复杂的、非言语的舞蹈，在这个过程中，既表达了他们各自的意图、想法和感受，又表现出对彼此互动的兴趣。

　　重要的是要认识到这种交流方式完全是非言语的，同时也是非常高效而熟练的。父母和孩子能够轻松快速地交流彼此的情绪状态、关注焦点和意图。这种交流是相互影响的，包括面部表情、语调和节奏以及手势。这种非言语交流被认为是引起孩子注意、沟通情感、促进社交和语言习得的理想方式（Trevarthen & Aitken，2001，p. 9）。

　　通过观察父母对这个世界里某一事物或事件的反应，婴儿能够逐渐了解这个世界。当一个陌生人进来或有一个很大的声响时，他会去看父母的脸，以便了解父母如何看待这一事件。当他看到一个新的有趣的东西时，他会把它展示给父母，看看他们会怎么做。随着他不断长大，他仔细观察他的父母如何使用工具，如何与邻居互动，如何洗脸和刮胡子。他也密切观察父母对什么感兴趣，对什么不看重。他在兴趣、习惯和与他人互动的方式等方面会越来越像他的父母。

## 童年时的主体间性

　　当父母回忆这种主体间性体验时，会感到愉悦。当孩子参与这种和父母互相影响的"舞蹈"时，他眼睛里的光彩和脸上的表情，不会被父母"轻易"忘记。

　　我们常常忘记，婴儿会不断地把父母对事物的体验转化为自己的体验。我们常常忘记，当涉及情感、社交和心理现实时，孩子的生活并不仅仅是了解这些事情。他的生活往往是需要把这些事件和对象转化为自己的主观体验，可以相互影响的互动最有利于组织和深化主观体验。重要他人对某一事物的反应，会极大地影响我们对该事物的回应。

**主体间性是指参与到孩子（或另一个成年人）的内心经验中，与他共同体验，和他的情绪状态共鸣，并与他一起探索这份体验，从而更好地理解这份体验。简单地说就是：与对方共同感知与探索内心经验。这是心与心经验的交流。**两个人的内心世界在共同创造着一种经验。即使孩子已经长到10岁或15岁，父母对他以及他的经验的看法，将会深化或改变他如何看待自己以及世界。这种主体间性会在今后相当长的时间里一直影响他的行为。

由于成人的内心世界更宽广更丰富，通过把自己对某个事件的经验带到孩子对某事件的经验中，成人能够帮助孩子调节这种经验所带来的影响，并深化理解。当孩子与成人形成安全依恋关系时，他从内心信任这个成年人，并且经常渴望像成人那样去感受他的经验。这些不像看起来那么复杂。比如，当一个小孩子在努力给蛋糕上糖霜时，看到他妈妈的反应是眼睛发亮、脸上表现出非常喜悦的神情，他也会感到快乐、自豪和满足，这是他在没有别人陪伴的情况下完成装饰蛋糕这件事所难以体会到的。这种共同的经验将影响他如何完成给蛋糕上糖霜这项活动，以及如何进行许多类似的活动。当他弄坏了妹妹的玩具时，如果看到了妈妈脸上的难过和失望，他会更加明确地感到自责，而且相比于没有别人在场的情况，他会更容易应对问题。如果他有足够的安全感，能够体会到妈妈对自己所做的事情感到难过，他就很可能再也不会那么做了，这比起妈妈给他一个严重的惩罚要有效得多。这种主体间性的存在正是他所需要的，使他能够管理自己的情绪，并从两人共同的经验中学到更多的东西。

在孩子的整个童年期，如果我们把重点放在发展和维护我们与孩子之间的主体间性的经验上，我们将能够更好地利用这些重要经验。这些过程会持续存在于我们的情感、认知和神经系统中。如果我们能了解它们并利用好它们，我们的育儿就会更自发、自然和有效，在引导孩子发展时，也将会很少用到说教和惩罚的方式。往往在不经意间，父母对孩子的发展就产生影响了。

## 主体间性的三大特点

父母和孩子在一起时，他们的经验不一定是主体间性的。为了形成一种主体间性的经验，需要在双方内心世界三个核心方面达成一致。即他们需要在当前时刻分享相同的情绪状态、同样的关注点以及同样的目的。

第一个要素，分享情绪状态，被称为同调（attunement）。当两个人同调时，他们是同步的，可以说，他们当前的情绪体验表现出相似的强度。这从他们表情变化的规律上就能明显看出来，在表情动作或表情平和的程度上也相一致。我并不是说他们需要有相同的情感（他们不需要都高兴或都愤怒），而是他们具有相同性质的非言语情绪表达。如果一个人生气，另一个人并不需要感到愤怒，而是要能够和他愤怒的节奏和强度共鸣，能够体验到和表达出对方的愤怒。当出现这种情况时，生气的人会觉得得到了另一方的理解。孩子知道家长理解他，部分是因为家长用语言告诉孩子自己所感受到的，但更主要的是因为家长已经和孩子的情绪状态产生了共鸣。

因此，当一个小孩喊到"没有人听我说话"时，如果他的父母以相同的节奏和强度回应他，"没有人在听你说！如果看起来没有人听你说话，这多令人难过啊"，他会感到被理解。如果父母平静地说"你认为你说话时没人听你说话"，这个孩子很可能会感到不被理解。确切地说，孩子可能会感到更烦恼，因为父母这样平静的回应可能表明他们并没有理解他的感受，而是试图使他冷静下来。这样的回答意味着，父母并没有捕捉到孩子在非语言表达中想要传递的信息。孩子情绪表达的强度和节奏表明他是多么难过，当父母以同样的强度和节奏回应时，孩子会觉得父母确实知道自己是多么苦恼。如果父母的非言语表达和孩子不一致，孩子可能会觉得父母不了解他的苦恼程度。

和孩子的情绪产生共鸣实际并不像看起来那样难。只要父母是要表达对孩子情感的接受、理解和同情，孩子就会像预期的那样感受到父母的情绪。如果父母的情绪是表达自己对孩子行为的愤怒，孩子也会知道这一点。如果父母的情绪显示出讽刺或批评，孩子也会知道的。孩子在这种情绪的共鸣中了解到父母背后的用意。这种认知虽然不太容易被注意到，但会渗透到我们的社会意识当中。婴儿在六个月大的时候就可以很准确地了解父母的意图了。

当孩子正在体验一种强烈的情感时，他的情绪表达往往是激烈的。当父母与孩子的情绪表达一致，但情感并没有同样强烈时，父母的情绪表达也会很活跃。但当父母内心平静，对孩子的情绪共鸣就会表现出更快的节奏和更大的强度。这会让孩子的情感失控，从而导致了激烈的情绪表达。相反，如果父母与孩子共鸣的情绪是活跃的，但不是激烈的，因为父母的情感保持可控。通过这样做，父母帮助孩子的情绪再次变得可控。

主体间性的第二个要素是要求父母和孩子关注同一个对象或事件。如果他们的注意力集中在不同的事情上，那么他们实际上并没有相互影响地共同体验任何事情。当他们关注同一个对象或事件并分享经验时，比如孩子从朋友那里收到生日贺卡，他们会从不同的角度去看待它，这些不同看法的分享会影响着每个人的经验。比如,孩子可能会觉得这张生日卡不是那么特别,说他的朋友送他贺卡可能仅仅是因为他的母亲给他做了这张贺卡而已。父母可能会认为这张卡片很特别,代表着他们之间不一般的朋友关系,而父母坦诚地分享自己的看法也很容易改变孩子对此事的感受。然而,如果父母试图说服孩子,自己的看法是对的,而孩子的感受是错的,就算父母对孩子有影响,这种影响也会很小。如果仅仅是分享自己的感受,而不是试图改变另一方的看法,那么主体间的互相影响要大得多。而且,正如父母可以引导孩子分享他们对一件事的正面体验一样,父母也可以引导孩子分享他们对另一件事的负面体验。而如果父母对孩子讲的内容不专注、不感兴趣或者没什么印象,那么孩子也会很快失去兴致。

由于主体间性需要双方分享彼此的看法,因此涉及管教的亲子对话往往不是主体间性的。父母希望孩子和他们关注同一件事(例如,孩子没有保管好他的自行车),而孩子的注意力往往集中在与此事无关的事情上。父母于是会愤怒地回应,"专心听我说!"或"不要试图转移我的注意力!"通过转移注意力,孩子试图减少父母对他明显的负面看法所造成的影响。如果父母想要获得孩子的关注,就要停止对他的行为动机进行评判,而仅仅针对他的行为本身表明自己的看法,这样才更可能让孩子关注同一件事。

主体间性的第三个要素是,对于他们一起做的事情有共同目的,并且能相互补充。这些共同目的往往是为了彼此相互了解、相互欣赏,交流彼此对同一事物的兴趣所在,对于共同的关注点,传递自己的所得或学习他人的经验,并表达一方或双方的感受。如果他们的目的不同,这种互动很快就会失去主体间性。这种情况例如:一个人想要教,而另一个人却不想学;或反过来一个人想学,另一个人却不想教;一个人想分享经验,另一个人却不想去了解;一个人想要与另一个人在一起,但另一个人并不想。

当我们思考主体间性这三个要素时，我们就可以理解主体间性在人类发展中的重要作用。共同的情绪状态，或者称为同调，可以被视为发展情绪调节能力的关键。共同的关注点对于提高孩子注意力的持续性具有重要作用。最初，幼儿的注意力取决于父母的注意力，父母注意力持续时间会相对长得多，孩子注意力的持续性会因为父母的注意而获得提高。共同的目的也是孩子合作能力发展的核心。

## 主体间性发展及其影响的实例

生活中的许多事件都会给孩子带来一些新的、未知的、令人困惑的或有压力的体验。为了能控制好与该事件有关的情感并理解这件事，孩子常常会和父母一起体验该事件并从中受益。如果家长能够控制好自己的情感，并表示她能理解这件事，孩子也将能更好地控制自己的情感，并也开始理解这件事。他依靠父母对这样事件的体验来形成自己的经验。有时候父母预料到孩子会为某件事感到挣扎，他们就会把自己对这件事情的处理方式提前知会孩子。也有些时候，父母注意到孩子正在为某件事而挣扎，所以参与进去，和孩子一起面对，并向他展示如何处理好这件事。

### 应对挫折

一个4岁的孩子正在试图使玩具小车动起来，他的脸上显出沮丧的表情。突然，他大叫了一声，把小车扔了，双肘倚着膝盖上，双手捂着脸，当他大喊道"笨车！"的时候，脸上写满了不高兴。

一开始，孩子表达了他对于无法使小车动起来的强烈感受。当父母以一种共鸣方式做出回应时，就会使这一体验具有主体间性，这使得他们能够和孩子一起体验，并帮助他对这一体验进行梳理。因此，她可能会用一种在节奏上和强度上都与孩子相似的声音说："你没能让小车动起来，这太让人沮丧了！太让人沮丧了！"

父母与孩子的情绪状态保持一致，像他一样把注意力集中在车上，表现出想要理解和支持孩子的体验，孩子也积极地对此给予回应。父母表达了自己可以理解孩子为什么感到沮丧，这件事为什么这么困难，甚至还明白对他来说有多困难。父母的回应可以使他进一步表达他的感受："我永远也做不到！"父母的回应可能会表明自己知道这可能比他刚开始想的要难："哦，我的宝贝！你认为你永远无法做到！难怪你对此感到沮丧，如果你永远无法做到的话，那的确是很让你沮丧！"

父母不是与孩子争论，而是帮助孩子意识到，他的烦恼与他认为自己总是无法使玩具动起来这一自动化反应有关。父母能够感受到孩子的沮丧情绪，这可能会帮助他反思一下，并回想起在别的时候他还是能让玩具动起来的。于是，他可能再次拿起小车，甚至可能把它拿到妈妈那儿，让妈妈帮他一起让小车动起来。

在这个例子中，父母只是简单地传达了对孩子痛苦感受的理解，使他能够控制好自己的情绪，进行反思（意识到该事件对于自己的深层意义），继续他的初衷去搞定小车。父母帮助他更充分地感受自己的挫折感，更深入、更广泛地对挫折感进行梳理，从而能够更加成功地解决事情。孩子能这样做是因为父母能够在他经受挫折时与他一起经历，并用自己的能力调节情绪，对当前状况进行探究，从而使孩子更好地理解自己的体验。

**参与体验，帮助调节**

强烈刺激和突发事件往往令孩子难以调节情绪。情绪可能失控，导致孩子无法把注意力集中在当前事情上，无法保持初衷。因此这样的事件可能给孩子带来的影响是：

- 产生强烈情绪，难以控制（焦躁、惊呆）；
- 强烈回避，导致注意力不集中和分心；
- 缺乏目的性，造成漫无目的或反应性冲动。

当父母将自己的体验与孩子的体验结合起来时，可能出现以下情况：

- 家长与孩子一起调节孩子的情绪，从而使孩子的情绪不那么强烈了。
- 随着情绪的调节，孩子能够把注意力集中在当前的事情上（虽然可能只是象征性地从家长身后偷看）。
- 经过目标的更新，孩子可以用最有利于他的方式灵活地对事件做出回应，而这是他与父母共同形成的对此事的理解。

孩子经历的压力事件可能会使孩子产生羞耻感、失败感或恐惧感。家长对这些事件的不同看法可能会影响孩子的经验。当孩子与朋友发生冲突，遭受心理创伤或损失，未能实现目标，家长的看法都会影响孩子的经验。如果父母只是将自己的看法作为体验该事件的另一种方式，而不是要说服孩子承认自己的方式是正确的，孩子的方式是错误的，那么会更为有效。

下面例子列出了父母其他一些具有关联性（更可能是主体间性）的回应：

- 因为我不让你去拜访你的朋友,你看起来真的很伤心。
- 你看起来太难过了。
- 你似乎非常急切地想去!
- 你看起来有些困惑。
- 做对了,你看上去真的很兴奋!
- 你似乎很为自己刚做的事感到自豪!
- 听起来你现在真的很生气!
- 这对你来说那似乎非常难!
- 在完成所有工作之后,你看起来很放松。
- 看起来你真的为自己的选择感到高兴。

在这些例子中,家长根据孩子对自己体验的非言语和言语表达进行回应,在情绪上和关注点上与孩子保持一致,和孩子一起进行体验,并互相补充对目标的理解。通过这样做,父母是在帮助孩子对经验进行梳理,并找到合适的词语来描述这些经验。语言表达会帮助孩子在将来更好地应对类似的情况。

父母的非言语和言语表达会引导孩子进一步表达自己的感受,这比没有父母积极参与的情况要好很多。于是,可能会有像下面这样的具有关联性的交流:

父母:因为我现在不让你去拜访你的朋友,你看起来真的很伤心。

孩子:我真的很想见他!

父母:是的,你真的想去!你真的想去。

孩子:他是我的朋友,我想念他!

父母:是的!他是你的朋友。你现在想念你的朋友,太想念了!来,让我给你一个拥抱。(孩子寻求拥抱)

父母：看起来你为自己刚做的事感到非常自豪！

孩子：我做到了！我能行！

父母：是的！你正在学习解开谜题。

孩子：我正在学习成为一个大男孩！

父母：是的！你学到了这么多，非常多！

父母：听上去你现在真的很生气。

孩子：你不让我看电视！

父母：啊，这就是为什么你生气了！

孩子：我觉得你对我不公平！

父母：那么你认为我对你不公平！

孩子：你对我不公平！我不喜欢你。

父母：所以你生我的气！我想是这样的！

孩子：是的！你不让我看电视！

父母：这就是了！我认为这是原因。而你现在不喜欢我！我明白。

当家长对孩子的情绪状态（不分年龄）以相似程度的情绪（相似强度和节奏的非言语表达）进行回应时，孩子会更加亲近父母，并能体会到父母对自己感受的理解。父母这种自然的回应是让孩子明白父母理解自己，并看重自己的感受。当父母随着孩子的成长进入更理性的教育或说教模式，他们以前那种通过分享感受来帮助孩子深化和梳理其经验的能力就降低了。父母可能会使孩子妥协，甚至被迫同意，但这样做他们是在实现他们自己的目标，而不是让孩子积极地参与进来。在孩子的内心世界中，他的自我效能感、自我意识以及信心都会减少。他平时也许能够很好地控制自己的行为，但是如果发生了某件事，需要他在从未遇到过的或有压力的情况下，以更强的内部调节能力来选择最恰当的行为时，他可能就不能很好地控制自己的行为了。

### 引导孩子进行体验

上面的例子主要在讲父母如何与孩子的体验共鸣。有些时候，在交流中引导孩子去发现自己从未感受过的经验，这也是有帮助的。这并不一定意味着孩子会像父母一样体验这样的事件。父母也不是说服孩子接受自己的看法。相反，孩子只是充分了解父母的经验，这可能会激活他内心世界中类似的潜在感受。他可以自由地选择是否受父母经验的影响。

例如，父母可能透过窗户看到孩子在帮助自己的朋友反抗邻居家另一个孩子的捉弄。由于了解自己的孩子常常是倾向于避免冲突的，并且看到邻居家的孩子块头更大，也有些攻击性，父母明白和另一个孩子对抗对他来说是多么困难。不久，孩子回到家里，妈妈叫他过来，把手放在他的肩膀上说："你太勇敢了！我很欣赏你刚刚为杰克所做的一切。当罗恩戏弄他的时候，我认为你表现出了真正朋友应该具备的品质。"

她的儿子平静地回答："换了他，他也会帮助我的。"

妈妈补充说："我知道，你们俩真是好朋友。而且对于你刚才所做的事我也感到非常自豪，你做了正确的事。我觉得你很勇敢！"

在这个例子中，孩子可能没有表现出一种自豪感，也没有意识到自己很勇敢或是真正的朋友应该是什么样的。他可能在面对大孩子时大部分的感觉是焦虑不安的。但当他的妈妈感受到他的勇气和友谊，以及表示出为他骄傲时，他可能突然会在这个事件中第一次感受到自己的这些特点。他的父母对他的看法帮助他梳理了自己的经验，感受到了自己的这些特点。父母引导他体验到了这些，而不是简单地和他已有的体验共鸣。家长会让孩子亲自去体验家长对他的感受。

下面是其他的例子：

- 是的，我想你明白了！我想你做到了！
- 哇！你刚做的事真让我感到惊讶！
- 我觉得太棒了！
- 我真的很高兴你能对此很坦诚。
- 这对你非常重要，可你不得不再等一天，我对此感到很难过。
- 我很高兴你对自己的选择感到满意。

为了让孩子能感受到自己对家长的影响，对父母来说，用非言语的方式非常明确地着重表达这种影响是非常有帮助的。用非言语的方式表达出想说的内容会让孩子有真实和深刻的感受。仅仅用言语表达所产生的影响较小。孩子甚至可能认为父母只是说说而已，因为作为父母，他们不得不这样说，而这其实并不是他们真正的意思。

当父母表现出强烈的反应时，她仍然需要能够接受孩子对他们的表达的回应。孩子对父母的看法可能会感到不舒服，因为父母对于他的行为有矛盾心理，或者因为他的行为动机并不像父母认为的那样具有积极意义。他于是可能会觉得自己在骗父母，他无法坦白自己其实没有父母所认为的那种优点（即勇敢），他可能会觉得自己是个骗子并感到羞愧，这可能会导致他对父母的称赞反而产生愤怒。因此，如果孩子不认可父母的看法，这时候不应该去争论。个人的看法无对错之分。如果孩子自己的看法和父母不同，那么对父母来说，最好以前面所讲的开放、好奇的态度去回应。虽然孩子可能会不接受父母的看法，但这很可能留在他的记忆中，他更有可能在将来会接受和注意到类似的看法（即勇敢）。因此，在上面的例子中，当妈妈认为儿子勇敢的时候，他可能会回答说："我并不勇敢！我真的很害怕，我不知道还能做什么。"

妈妈可能会回答："噢，你感到害怕，而不是勇敢！所以你希望我知道这一点。"

男孩："是的，妈妈，这没什么值得骄傲的！"

妈妈："我以为你只是看起来有些害怕。那么你的确是感到害怕！而你仍然帮助了你的朋友。也许你感觉害怕……但你的行为是勇敢的。正是因为你真的感到害怕，那才是真正的勇敢！"

### 另一个例子

12岁的汉克在学校与他的一些同学发生了冲突。后来他和爸爸在家里讨论双方对于这件事的看法。他对于这件事情反映出汉克是个什么样的人，他的爸爸有不同的看法。于是爸爸把自己的感受和想法传达给了汉克，希望能影响他的自我认识。

**汉克**：我真不应该去那里！

**爸爸**：你在说什么，汉克？

**汉克**：我想说，也许我活该让他们取笑我。也许我就是他们说的那种讨厌鬼！

**爸爸**：等一下！那些孩子嘲笑你，于是你朝他们吼，结果就导致了打架。所以你认为也许你应该负责任，因为他们对你说的话是真的！

**汉克**：就是这样，爸爸！也许我只需要面对我没有认清的事实！

**爸爸**：汉克，你这么看这件事我很难过！我想，这让整个事情变得更糟了。但是你也有错——而你之所以有错是因为现在你开始以他们看待你的方式看待你自己了。

**汉克**：我不知道，爸爸。也许他们是对的！

爸爸：我很难过你那样看待这件事情。我认为这使得整个事情变得更加困难，你更难释怀了。现在你开始认为是自己有问题了！

汉克：我不知道，爸爸。

爸爸：我知道，汉克。这真的很难，真的很让你困惑。我以为你本来已经清楚地了解自己，现在看来你开始怀疑了。

汉克：我真的怀疑。

爸爸：我一点也不怀疑。我知道你是什么样的孩子，但我认为你现在不清楚我对你的看法。目前你并不了解我眼中的你是什么样的。

汉克：是什么样的？

爸爸：你诚实，有勇气，尽可能做最有利于他人的事情，有时候对自己有点严苛。最终你会后退一步，看到我所看到的那个你！现在就好像在你眼前蒙上了雾，把这些都掩盖住了。

汉克：也许你说得对，爸爸。你觉得什么时候雾会消失？

爸爸：我不能确定，但是我对你的爱可能会对你有所帮助……还有这个拥抱……所以你可以多思考一下，想想你是谁……真正的你是什么样的，是那些人看不到或不想看到的。

## 修复主体间性

有时孩子可能会不接受父母对自己体验的看法。家长可能会因为感觉到孩子难过，于是作为回应会表达自己对孩子难过体验的看法，孩子可能会不耐烦地说："我不难过！"那时候，家长接受孩子的回应很重要，如果孩子并不感到难过，家长要表现出愿意了解孩子的感受。与孩子争论他的感受是什么，暗示了父母比孩子更了解他的内心世界。这样的暗示可能会削弱孩子对自己的信心，以及他了解自己想法、观念、情绪、记忆和愿望的意愿及能力。这可能会削弱他对什么是最适合自己的直觉。父母确实有可能是对的，即孩子对事件的感受确实是那样的。如果真是这样，那么父母刚开始的表达可能会帮助孩子在将来意识到这一点，或者是帮助孩子接受自己有这种感受的可能性。但如果父母坚持认为自己是对的，则会对孩子产生负面影响。除了破坏他对什么是最适合自己的直觉的信心之外，还有可能在亲子关系上使孩子产生抵触和距离感。他很可能会认为这是对他生活的侵犯，并且以后会更少地表达和交流自己的感受，以避免父母对自己的看法有类似的干涉。

例如，约翰看到他的女儿莎伦坐在客厅，妈妈刚才告诉她，她不能和妈妈一起去商店。

**约翰**：你看起来很伤心。

**莎伦**：我不难过！

**约翰**：哦，好的。你自己坐在这里，但不是难过。那你有什么感觉？

**莎伦**：没什么！

**约翰**：好吧，没什么……你这样坐在这里让我觉得你很难过！

**莎伦**：我没有很难过！

**约翰**：我知道你想和你妈妈一起去！

**莎伦**：那又怎样！

**约翰**：当她那么跟你说的时候，我以为你很失望。

**莎伦**：我没有失望！

**约翰**：所以很难知道……我想不管发生什么事情，你都不想跟我谈论它。

**莎伦**：没错！

**约翰**：你可能会想，"爸爸说什么都没用。我想和妈妈一起去！"

莎伦：嗯，说什么也没有用。

约翰：是的，莎伦。无论爸爸说什么，都不能使你去商店……不管你遇到什么事情，我只是希望我可以帮上点忙。

莎伦：你帮不上忙！让我一个人待着！

约翰：如果你需要的话，我会离开的。如果有什么事，我就在另一个房间里，我会在那里想你。

在这个例子中，约翰表现出能够随时提供帮助的意愿，具有敏锐的感觉，并对女儿要求他不要在当时表达任何看法做出了回应。通过接纳女儿希望独自一人待着的愿望，并邀请她之后进行对话，约翰和女儿的关系仍然保持主体间性，这很可能间接地帮助女儿更好地管理自己的体验。

父母明智的做法是，有时候对孩子的体验，带着同理心进行试探性的解读，而有时候以好奇和开放的态度进行回应，试图去理解，而不是去评判孩子行为背后的感受。这两者都表达了父母对于了解孩子内心世界的关注，而不是着重于"知道他在想什么"。有时候，父母会带着同理心，对孩子的内心世界主动进行试探性的了解，而有时候则以好奇的态度跟随着孩子对自己内心世界的感受进行回应。父母与孩子一起，共同构建对孩子内心世界的体验。

父母只是想了解而不是去评判。这就不会导致出现想找出孩子错误想法的提问。而这种好奇的态度是希望更好地理解自己的孩子，然后帮助他应对可能出现的强烈情绪。父母帮助孩子反思自己的内心世界，而不是改变他的内心世界。这样孩子就更有可能体会到父母的理解是出于想帮助他应对某种状况，以促成孩子认为的最好的局面。而不是试图改变他，以促成家长认为的最好的局面。然后他就会体验到父母的主观感受和自己是一致的。孩子的主观感受对父母来说很重要。当父母对自己的孩子采取这种公开的、无评判的态度时，孩子可能更愿意接受她的帮助。

　　我们经常认为，我们知道孩子对某一个事件是什么样的感受，而事实上我们并不知道。我们可能认为孩子很烦恼，而实际上他很害怕，而且正在隐瞒自己的恐惧。我们可能认为他做某些事是为了吸引我们的注意力，而实际上他是因为想要更加熟练地完成某个任务。我们可能认为，孩子知道我们设定限制是为了确保他的安全，而实际上孩子却认为我们设置了限制是为了让他不高兴。当这种想当然的判断是错误时，即我们没有正确地解读我们的孩子时，他会感到不被理解，也会认为我们对他没有同理心。如果我们判断错了，我们的介入可能不仅无益，而且还会使情况更糟。通常最好不要急着对孩子的内心世界做出判断。如果一个孩子对自己的感受不确定，我们可以通过猜测来帮助他，而不是想当然地得出结论。最好是采取一种开放的、好奇的态度去发现究竟是哪些因素造成了孩子的行为，而不是坚信我们了解他的感受。

## 影响主体间性的另一种障碍

　　为了实现主体间性，需要对参与体验的双方都产生影响。通常家长对孩子经验的形成与发展影响更大，但孩子的经验同样也会影响父母的经验。尤其当孩子分享一些他们所擅长的东西，例如电脑时，这种影响就更显而易见了。

　　当父母看到孩子在这段和自己共享的具有主体间性的时光里，体验到了快乐、愉悦、热情和自信，他们很可能会知道自己为孩子的经验做出了贡献，并且会为自己的孩子感到自豪和满意，同时也会为自己作为父母感到骄傲和自豪。这些深度分享的时刻，以及知道自己的分享对于孩子的发展非常重要的时刻，都属于父母拥有的最有意义的时刻。

然而，在其他主体间性的体验中，孩子可能会感到父母小气、自私、专横或不关心他。他可能认为父母的关注点或价值观是错误的、没什么用的或荒唐的。由于父母也会受到孩子体验的影响——否则也不会是主体间性的——父母也可能会因为孩子对自己的负面感受以及对自己的负面体验而在某种程度上容易受到影响。有时候，父母会通过不让孩子表达自己的负面体验来解决这个问题。有时候，父母会迁就孩子的愿望，从而肯定他的体验。对于前者，父母否定了孩子影响自己的能力。对于后者，父母放弃了影响孩子的能力。

面对孩子对父母的负面体验，为了对双方都有利以及维持安全感和情感上亲密的关系，父母应该努力了解孩子的经验，而不是认为他有负面的动机。如果父母有开放的心态，能接受孩子对他们的负面体验，则孩子的这种负面体验可能会减少，而且这种看法上的差异也不会影响到他们双方的内在自我，也不会影响他们之间的关系。

下面这段肖恩和他妈妈之间的对话有助于说明这一点。

**肖恩**：我认为你真是太小气了！

**妈妈**：哦，你认为这就是我不同意的原因——因为我只是一个小气的妈妈。

**肖恩**：是啊！你就是！

**妈妈**：肖恩，对不起，让你这么感觉。你现在很难在情感上亲近我。真的很难！

**肖恩**：我不想和你亲近！

**妈妈**：我知道你是这么想的。你似乎想要自己处理这一切。

**肖恩**：我是啊……为什么我不能这样做？

**妈妈**：肖恩，我可以看得出你真的想那样做。

**肖恩**：我就是。

**妈妈**：来，我有一个想法可能会有所帮助。

妈妈拉住肖恩的胳膊，带他去做另一件他愿意做的事情。很快，他就忘记了自己的愤怒和他认为母亲小气的看法，现在很可能又愿意亲近母亲了。

## 聚焦依恋关系的对话

珍妮，一名12岁的女孩，已经在校队打了好几个月的篮球。她在几年前就已经开始这项运动了，她的技术水平确实在不断进步。在一场比分接近的比赛中，她在最后几分钟打进了两个精彩进球，帮助她的队伍获胜。但是，令人惊讶的是，在比赛结束回家的车上，珍妮却想退出校队。她的爸爸决定先把车停下和她去公园散散步再回家，因为回到家珍妮将不得不面对她的兄弟们。当他们开始散步时，他对珍妮这场了不起的比赛谈了自己的看法。

**珍妮**：我只是幸运！我真的没有那么好。

**爸爸**：我的天哪，珍妮。我十分为你感到高兴，你真的帮助球队赢得了比赛。但你看起来对此并不感到高兴。那是为什么？

珍妮：我只是幸运而已！我以后很长时间都不会再有今天的表现了。

爸爸：所以看起来你的成功并不能让你很高兴？

珍妮：我为什么要高兴呢？我不会再有那样的发挥！

爸爸：看起来你还是没明白我的意思。我并不是说你会在每场比赛中都发挥出色赢得比赛。我的意思是说，我看到你几乎在每次打球的时候都会有进步。

珍妮：但我还是不够优秀！

爸爸：珍妮，你今天真的对自己很苛刻啊。你觉得这是怎么回事？

珍妮：我只是不希望所有人都认为我是球队中最好的球员。

爸爸：啊。我想我明白一点儿了。你打了一场很棒的比赛，你可能会担心人们会期望你在每场比赛中都能这样棒。

珍妮：是啊！我不是球队中最优秀的球员。有很多女孩都比我打得更好。

爸爸：珍妮，如果现在我们忘了其他孩子……你是否认为你是一名非常优秀的球员？而且你比去年进步很多，不是吗？

珍妮：我想是吧。

爸爸：哦，我很高兴你这样想，因为我就是这样看待你的！你在并不长的时间里进步很大。我希望你能为自己感到骄傲。无论如何，不要把自己和团队中的其他孩子进行比较。只和自己比较，只和自己去年的情况比较，我认为你现在做得很好。是的，我真的这样认为！

珍妮：是啊。我想我做得很好。

爸爸：太好了！我很开心你可以享受你所做的一切——你已经进步了很多——并为自己感到骄傲。你已经非常努力了。

珍妮：我猜是吧。

爸爸：你投入了这么多。无论如何，你应该感到高兴。

珍妮：是的。

**爸爸**：你没有说你会感到高兴。

**珍妮**：是的！我会感到高兴的！

**爸爸**：太好了。那我们两个都会感到高兴。我为你感到骄傲。

**珍妮**：我知道，爸爸。

**爸爸**：而且我并不期待你每场比赛都有出色发挥，都能赢得比赛。而且你不用非要成为队中最好的队员，我仍然会为你感到骄傲。

**珍妮**：我不用？

**爸爸**：是的，珍妮。即使你没能进入篮球队，我也会为你感到骄傲。我知道你努力过了，你喜欢篮球，你是一位很好的队友。我会永远以你为荣，以你所做的一切为荣。

**珍妮**：你必须……你是我的爸爸。

**爸爸**：我是你的爸爸，是的……我必须以你为荣，是因为我十分了解你，所以我对你的成长感到惊喜。真的很惊喜。无论你是否抢断还是投入制胜球，这都并不重要。无论是现在的你还是将来的你，我都会为你感到惊喜。

**珍妮**：那是因为你是……

**爸爸**：打住！（他们一起笑）这是因为你自己！

# 第四章

# 认识你自己的依恋史

希望大家现在已经很清楚安全依恋在孩子成长过程中的重要性。可能还不太清楚的是,父母自己的依恋史对于孩子是否能和父母建立安全依恋关系的重要作用。父母与孩子在依恋能力上的紧密联系是由心理安全和主体间性的本质所决定的。

当孩子感到危险或情绪失控时,他会去父母那里寻找安全感。如果父母想让孩子感到安全,父母就需要自己首先有安全感。如果某个事件——例如噪声或一个陌生人的接近——会引起父母的恐惧,那么她就不会被孩子视为安全感的来源。反而,父母的恐惧可能会加重孩子的恐惧感。为了能够帮助孩子应对恐惧,父母需要先控制好自己的恐惧。在主体间相互影响的情况下,孩子正是基于父母对某事件的体验来决定他自己的体验。如果父母感到不安全,孩子怎么能感到安全呢?或者,如果孩子强烈的情绪状态——愤怒、恐惧、悲伤、羞耻——会使父母产生类似的情绪失控状态,那么父母的介入可能会使孩子的情绪更加失控而不是得到缓解。

主体间性的特点就是相互影响。也就是说,一个人的情绪、意识和意图会对另一个人的内心世界产生影响。我们已经看到，当父母与孩子情感的情绪表达相一致时，父母平静的情绪状态是如何让一个痛苦的孩子冷静下来。另外，孩子的痛苦状态可能会导致父母的痛苦，孩子愤怒的状态可能会引起父母的愤怒。在这种情况下，父母不仅不能帮助孩子获得安全感，相反，会让孩子更加痛苦。孩子向父母寻求安全感，而父母的痛苦却增加了他的恐惧。

为了使孩子获得安全依恋关系，当孩子最需要情感依恋的时候，也是父母对孩子的需求保持高度敏感、随时回应的最重要的时刻。即使父母在大多数情况下可能会做出适当的回应，但如果他们在孩子最关键的时刻没有适当的回应，孩子仍然可能无法获得安全依恋关系。出于这个原因，父母需要解决自己依恋史的遗留问题。

## 发展自主型依恋

成年人的安全依恋被称为自主型依恋。这就意味着成年人可以获得安全依恋，而同时，成年人在依恋关系上也具有自主性。他不需要牺牲自己的个性来与他的伴侣和最好的朋友保持安全依恋。他也不需要牺牲自己的亲密关系来获得自主性。

即使父母在自己的童年时期没有体验过安全依恋，依然可能成为孩子的安全依恋对象。当然，如果父母在童年时能够获得安全依恋关系，就更有可能会在成年后获得自主型依恋，并且他们的孩子也会与他们建立安全依恋关系。不过，即使父母小时候没有和自己的父母建立安全依恋关系，如果成年后能获得自主型依恋，孩子仍然很有可能与她建立安全依恋关系。关键是，父母是否已经解决了童年时期的遗留问题，这些问题会影响他们获得安全依恋。父母此时的依恋状态会影响孩子依恋的发展。

对于依恋史中破坏依恋关系的因素，如果一个成年人能够对那些事件进行反思，调节相关的情绪反应，从一个新的角度重新体验这些事件，然后将自己的新体验融入人生经历中，就可以很好地解决这些因素所带来的影响。这意味着，她现在可以回忆起过去任何与自己的依恋史有关的事件，而不会陷入强烈的羞耻、愤怒、恐惧或绝望等无法控制的情绪中。对自己过去的任何方面不必再回避或歪曲事实。就能够理解、接受和意识到这些事件对自己的过去和自我概念的影响，同时还关注这些事件对自己现在和未来的影响。

由于各种各样的原因，童年经历的事件可能并没有得到解决，然而成年人可能很难回忆起那些事件。一个事件可能会造成明显的创伤，比如涉及虐待、遗弃、迷失、拒绝或嘲笑的事件。也许当时这种创伤没有得到父母的保护、安慰和支持。父母的积极陪伴可能使孩子能够转化创伤，从而解决问题。然而，更常见的是，未解决的童年事件与创伤无关，而是与孩子在感到压力或不适时父母在精神上对他们的批评、拒绝或不陪伴有关。孩子可能会常感到愤怒、恐惧、悲伤或羞耻，而他的父母可能会否定他对这种体验的反应，阻止孩子将其融入自己过去的经历中。

如果父母能够解决自己过去的遗留问题，当孩子的依恋需求被激活时，就能在身体上和精神上一直陪伴孩子。父母能够通过有效的情绪调节来回应孩子激动的情绪，使孩子能够更好地调节自己的情绪，并和孩子一起调整他的情绪状态。

因为父母自身拥有很强的反思能力，有能力对孩子的困惑和怀疑进行回应，使孩子能够从另外一个角度看待该事件。孩子于是就能够对事件进行反思，并将其转化为人生的一次经历。父母始终和孩子一起创造一种新的方式来体验事件——赋予事件新的意义。

## 重建依恋模式

当父母意识到自己过去的依恋模式是不安全的，并且没有解决以往重要遗留问题时，他们需要知道自己可以处理那些未解决的问题，并努力获得自主型依恋。依恋模式是稳定的，但不是一成不变的。可以通过形成新的关系或对事件的反思来促进问题解决，从而改变依恋模式。一个在情感上能够与伴侣或好朋友形成和维持亲密关系的成年人，通常能解决他过去依恋关系的遗留问题。一个成年人也可以通过与治疗师在情感上建立一种有意义的关系来获得更安全的依恋关系，治疗师应能够帮助他重新看待他的过去及过去对现在和未来的影响。

如果成年人在过去的依恋关系中有未解决的问题，再次意识到这些问题往往会使他无法控制情绪和进行思考，从而影响了他认识问题和解决问题的能力。涌现的记忆会使他陷入当时事件中的那些强烈的情绪和想法。如果一位母亲在她还是个孩子的时候，她的父亲对她尖叫，并威胁要送她去一所寄宿学校，那么她现在可能会感受到几乎和原来一样强烈的恐惧和羞愧。如果在过去，恐惧与羞愧导致她回避与父亲的一切交流，回避一切可能引发父亲威胁行为的场景或行为，甚至回避自己内心那些可能引发这些行为的情感和愿望，那么现在，当这些记忆被激活，她就很有可能会回到过去的反应模式中。可能因为她无法求助于母亲来调节她的内心世界，不能找到解决方案，不能修复和父亲的关系，所以父亲的愤怒威胁让她无法接受。也可能她的父亲没有向她道歉，没有开始修复和她之间的关系。当她的孩子当前的行为使她相关的记忆被激活，她可能会感受到从前的恐惧和羞愧，或者从成年人的角度她会带着愤怒或失望情绪对孩子的行为做出反应。在这种情况下，如果她向另一位可以成为自己依恋对象的成年人求助，她将可以更好地调节所出现的与过去事件相关的新想法和情绪。如果她的伴侣或朋友能帮助她调节对孩子行为的反应，她就能对孩子行为做出反应的同时控制自己的情绪。

在这些时候，父母可以从自己的伴侣、朋友或治疗师的具有同理心的陪伴和无条件的接纳中获益颇多。在能够调节自己的内心世界之前，他们从解决问题中收获很少。伴侣的接纳、好奇和共情将使他们更能感受到自我接纳、自我意识和自我共情。于是，他们将能够重新看待过去的事件，并相信自己有能力在精神上应对该事件，并以一种不那么羞愧和恐惧的方式来理解它。依恋对象——伴侣、朋友或治疗师——使她能够控制情绪并保持对内心世界的觉察，使他们能够理解过去，并不再被过去的情绪所困扰。这样，当孩子情绪失控时，他们就更能够给予孩子持续的陪伴和支持。

父母也可以通过冥想或类似的正念练习（Siegel，2007）进行反思从而促进自主型依恋的形成。这样，他们可以实现更大程度的自我调节，从而提高自我接受、自我意识和自我共情能力。他们会对自己有更大的耐心，对自己的错误也不会有过激反应。父母就像对待需要与自己建立安全依恋关系的孩子一样对待自己。当孩子最需要建立安全依恋的时候，若父母想要最大限度地陪伴和支持孩子，最有效的方式就是保持自我反思和自我调节，以及保持情感上亲密关系的一致性和主体间性。

当孩子的行为激活了父母童年时期特定的记忆时，反思自己的依恋史能够保持对自己情绪的控制。Dan Siegel 和 Mary Hartzell（2003 年）提出的问题是这种自我反思的一个良好起点（表4-1）。如果父母在回忆起自己的依恋史时，都不会感到失控的恐惧、羞愧、愤怒或失望等情绪，那么这种能力越强，父母就越能够在孩子情绪失控时，愿意和有能力帮助他。无论过去他们对那些事件感到多么恐惧或羞愧，当他们反思这些事件时，不需要去扭曲或否认现实。当一个人害怕自己的心理时，便很难感到安全，无论是孩子还是成年人。能够对任何记忆或相关的想法、情绪、看法或愿望进行反思，而不会感到恐惧和羞愧，就能被授予巨大的自由感。

一些父母可能会担心这样的反思或重新探究自己与重要家人的关系会导致他们与父母的关系破裂。然而，这样的结果很少发生，因为对过去的反思并不是纠正童年时期的错误。相反，我们的目的是为了理解家庭的压力、冲突、未解决的问题，以及家庭中常被回避的话题，从而了解它们对一个人的发展的影响。

对于过去难以解决的事情，反思的目的不是去指责某个人，而是要设法理解这些事情。这并不意味着一个成年人必须与她的父母或兄弟姐妹对峙。事实上，通常当人们能够理解过去的时候，就发现对许多事情更容易释然，更有可能得出这样的结论：父母已经尽了最大的努力，他们并不想伤害她，也不想让他的生活变得更艰难，事实上，他们对他可能比对自己都好。然而，他也可能意识到自己必须从心理上与父母分开，才能够开始在自己的内心产生安全感，并为孩子们提供同样的安全感。通过反思依恋史，父母可以自由地选择现在对自己最有利的行为。

表4-1 父母自我反思的问题（Siegel & Hartzell, 2003）

| 序号 | 问题 |
| --- | --- |
| 1 | 你成长的过程是什么样的？你有哪些家人？ |
| 2 | 你小时候和父母相处得怎么样？从青春期到现在你和父母的关系如何？ |

(续)

| 序 号 | 问 题 |
|---|---|
| 3 | 你与父亲和母亲的关系有什么不同？有哪些相同之处？有没有一些方面你想跟父母一样？或者跟父母不一样？ |
| 4 | 你感到过被父母拒绝或威胁过吗？在你的童年以及之后的生活中，有没有其他的经历让你感到无法承受或精神上受到创伤？有没有某种体验让你现在仍然感觉很真切？这些体验会继续影响你的生活吗？ |
| 5 | 你小时候，你的父母是怎样管教你的？这对你的童年有什么影响？你觉得它对你现在的父母角色有什么影响？ |
| 6 | 你还记得你和父母最早的分离吗？当时是什么情况？你和你的父母有过长期的分离吗？ |
| 7 | 在你的童年或之后的生活里，你生命中是否有重要的人丧故？这对于当时的你是什么样的体验，那种丧故是如何影响你现在的生活的？ |
| 8 | 当你开心和兴奋的时候，你的父母是怎么和你交流的？他们也会感到开心吗？当你还是个孩子的时候，如果你感到悲伤或不开心，会发生什么呢？在这些不同的情感情境下，你的父母对你的反应是否不同？有什么不同？ |
| 9 | 在你的童年时代，除了你的父母，还有其他人照顾你吗？你们之间的关系是怎样的？那些人现在是什么情况？当你让别人照顾你的孩子时，你是什么感觉？ |
| 10 | 如果你在童年时期经历过困难，那么在这期间，你的家庭内外是否有积极的关系让你可以信任呢？你觉得这些关系对你有什么好处？他们对你的现在有什么帮助呢？ |
| 11 | 你的童年经历是如何影响成年的你和其他人的关系的？你是否发现，因为你小时候发生过的某些事情，你现在想避免某些行为方式？你是否有自己想要改变的行为模式，却很难改变？ |
| 12 | 你认为总的来说你的童年对你成年后的生活有什么影响吗？这种影响包括对你的自我认识以及和孩子之间关系的影响吗？你想要改变了解自己以及与他人相处的方式吗？ |

第四章　认识你自己的依恋史

通过建立反思自己童年的能力，父母在回应孩子时往往会变得更加灵活和警觉。他们发现自己不太可能像父母对他们那样对孩子做出回应（或者不做回应）。相反，当孩子的内心世界与他们的内心世界不同时，他们更有可能开明且不做任何评价地去感知孩子的内心世界，并且会更能接受甚至做出为孩子感到骄傲的回应，从而孩子会感觉到有充分的自由来表达这些不同。

## 重建依恋模式的障碍

现代社会的高要求、重责任和强压力会使成年人很难在成年后对不安全型依恋模式进行重建。如果父母在过去的依恋关系中有未解决的问题，当孩子出现相似依恋问题时，日常家庭生活的压力常常使父母很难离开眼前的情境去反思过去的事件。当遇到困难时，人们往往更倾向于快速解决问题，更关注做事方式所带来的影响。当现在的困难难以解决时，就需要把目光转向过去的问题，这个过程需要相信自己和信任他人，如果父母能够认识到回看过去的必要性，并且努力去践行，当他们把大部分注意力放在自己过去经历上，就很有可能会找到一种方法来应对目前的状况，使其不至于变得更糟。从短期的角度来看，大家可以向伴侣、家人和朋友寻求更大的帮助。还可以把每天的生活安排得井井有条，也可以根据在第十章中提出的其他建议，来减少冲突和痛苦。如果想要这些措施能够带来持久的效果，那么在施行的过程中就需要采用 PACE 态度（见第五章）。

重组依恋模式的另一个障碍是缺少能够带来安全感与促进自我探索的依恋对象。如果过去经历的遗留问题没有得到解决，而孩子在行为上出现的问题又更加严重时，那么养育孩子就会难上加难。在探索自己过去的经历时，寻求他人帮助是有用的，而且对于解决问题而言也是有必要的。另外，也可能会需要治疗师的帮助。

第三个障碍是依恋模式受很多方面影响且问题难以解决。虽然父母在过去的依恋关系中有很多方面的问题已经得到解决和理解，从而使解决其他方面的问题不那么难了，但是有时候以往的经历中充满了童年时的创伤、忽视、分离和失去，使他们很难对过去依恋关系进行探索和解决。在这种情况下，可能需要延长治疗过程。

## 聚焦依恋关系的对话

在接下来的谈话中，一位母亲和她 10 岁的女儿度过了特别艰难的一天，她们几乎一整天都一起待在家里，她的丈夫和 8 岁的儿子没在家。那天晚上，当她的孩子们睡着后，她和丈夫探讨自己与女儿之间的冲突，这种情况在她们之间经常发生，这令她感到担忧。

珍：看到你和丹进门的时候，我特别高兴。我和金一整天都相处得不好（带着疲惫和沮丧的表情）。

马特：发生了什么事？（持感兴趣的、好奇的和不带评判的态度）

珍：哦，我不知道。我想我们一开始相处得还可以，但是后来发生了一些事导致情况就不一样了。

马特：知道是什么事吗？

珍：是的，我现在知道了。我告诉她，如果早餐后她能帮我把桌子清理干净，我们就会开车去那家新熟食店，我会给她买一份她喜欢的低咖啡因摩卡，给我买一杯拿铁。在我们开始忙碌之前，享受一小段美好时光来放松和聊天。

马特：然后……

珍：她一点忙也不肯帮。她打开了电视。我开始清理桌子，并问她是否想去熟食店，希望能借机鼓励她来帮忙。但她说不想去。

马特：她只是想在家里待着？

珍：也许吧，但似乎她总怪我没有和她一起做些事情，我经常不在家，而现在我们好不容易有了机会——只有我们两个——可她根本就不感兴趣。她不想和我一起做任何事。

马特：你希望你们能在一起享受一段美好的、亲密的时光！

珍：是啊，那有什么不对吗？我没有要求她整个上午都做家务。我只是想有一小段时间能和她一起做些事情。也许是为了改变一下我们的相处关系吧。

马特：但却适得其反。

珍：确实！于是我离开了客厅，自己收拾了桌子，我越来越心烦了。电视声音太大，于是我大声叫她调小点声。她没有把声音调小，所以我又喊了一遍，她说她已经调小了，我喊道："还不够！"可是她并没有任何回应，所以我就自己进去把声音调小。于是她喊道："好极了！难道你没有其他事情可以做了吗？"当然，我必须回答这个问题。然后我们就吵起来了。

马特：亲爱的，我为你感到难过。看起来你真的很想接近金，但结果却没有成功。反而更疏远了。

珍：我太累了。我所做的一切似乎对她来说都不够好。任何事情都得不到她的理解。我们的事情对她来说一点都不重要。

马特：所以你感到沮丧。

珍：嗯，有时候似乎就是这样的感觉……就像她真心不想和我亲近。我做错了什么？

马特：你真的很沮丧，对自己有些苛刻。

珍：我不应该吗？我在她那么大的时候，我愿意付出任何代价，只要我的妈妈能和我一起度过一个早晨，只有我们俩的早晨。她总是太忙，而没有时间和我在一起。别的事情总是比我重要。所以我决心当我有孩子的时候，我永远不会用那样的方式对待孩子。我会腾出时间陪孩子，我想和我的孩子在一起。现在我做到了，她却不想和我待在一起！

马特：所以你的意思是就好像你和你妈妈之间的关系一样吗？

珍：是的！我妈妈不想和我在一起。金不想和我在一起。最初，我的妈妈拒绝了我，现在我的女儿拒绝了我。我是那个两次都被拒绝的人。

马特：你和金相处的方式，与你妈妈和你相处的方式相比，无论有多么不同，但结果却都是一样的。

珍：所以，肯定又是我做错了。我又在做一些错误的事情！

马特：又一次！因为你的妈妈没有花更多的时间和你在一起，所以你在责备你自己吗？

珍：不，那并不是我的错。但当我在金的年龄时，我确实觉得是自己的问题。我觉得我不是一个足够好的女儿。如果我能做得更好，也许我的妈妈会更喜欢我，也会想和我在一起。有很长一段时间我都这么想……直到我不再过多地想这个问题。不管怎样，我只能接受这个事实，我不再试图亲近她。

马特：现在你认为金不想和你亲近了。

珍：这让我感到害怕！我有些担心她和我的相处，就像我和我的妈妈之间的关系一样——礼貌又疏远。我和妈妈都有自己的生活，我们并不太分享彼此之间的生活。我担心金和我永远不会亲近。不管我做什么，我永远都不会成为她想要亲近的人。

马特：哦，亲爱的，现在我明白了，今天对你来说有多难熬。这似乎是你和金疏远的迹象。在某种程度上，就像你要失去你的女儿了。

珍：这让我感到非常害怕！非常担心！我能做什么？我做错了什么？

马特：你是不是对自己过于苛刻了？

珍：你的意思是？

马特：我不知道为什么会这样。在我看来，你是一个很棒的人，而金是一个讨人喜欢的女孩。你们俩都有很多优点，也许你对自己过于苛刻了。也许如果你只要表达出你的爱，陪伴她，她就会更容易回应。就像如果你的妈妈能够更明确更自如地对你表达出她的爱，你也会回应的。

珍：但是我非常希望自己能做到让孩子和我亲近！

马特：你不相信不需要刻意做什么，这种亲近就能自然地产生，是吗？

珍：也许我对自己的爱没有信心。也许……也许这种方式对我的妈妈没有用。不管我有多爱她，她仍然没有腾出时间陪我。也许我不相信我只需要表达出对金的爱就可以了……也许我得让她接受我的爱。哦，我不知道。但也许……也许……

马特：亲爱的，你的意思是？

珍：那可能是……我必须让她接受我的爱，因为她不可能自发地接受我的爱。她怎么能做到呢？我的妈妈就从来没有主动接受我的爱！（哭泣）

马特：噢，亲爱的……关于母女关系这件事，你有太多的不确定。

珍：这就是我现在要解决的问题！

马特：你的意思是？

珍：我没有给金任何选择。她在这方面没有决定权。我想要爱她，所以她就得必须接受。不然我会对她发火！她没有办法保持自我，有时她只是想要有所不同。有时候，她只是想独处，或者和她的朋友在一起。她希望在是否与我们分享这个问题上拥有自主决定权。我并没有给她需要的自由。她不得不接受我的爱，否则我就会生气。我就会感到被拒绝了，就会想："她怎么敢这样！"噢，天啊。哦，马特……我想让金接受我的爱，是为了满足我自己的需要。我不想让她拥有自主权，是因为我害怕……而且我现在仍然害怕，如果她有自主权，她会选择不去爱我。

马特：对于你在金那么大的时候想要得到的亲密关系，你难道不认为她也会想要拥有吗？

珍：我的大脑说她会的，但是我对此没有信心。所以我必须主动让这种关系得以形成。那样的话，我就需要一直非常努力地促成这种关系。要做我的女儿，金不得不放弃自我！要和我亲近……她就不能和我分开。

马特：哇！你认为是这样吗？

珍：这说得通，马特。是真的！我需要让她保持自我。我需要让她按她自己的方式成长，让我们的关系顺其自然。

马特：你知道我听到的是什么吗？

珍：什么？

马特：我听到你所表达出的对金的爱。无论让孩子保持自我对你有多困难。无论你有多害怕她会不亲近你……为了她你愿意冒这个险……因为你爱她。

珍：我没有选择——因为我爱她。

马特：她会知道的。她会对此有一定程度的了解，她会选择和你经常亲近的。不过不是因为你的要求。而是因为她愿意和你亲近。

珍：我希望如此，马特。我希望如此。但我不会为了得到亲近关系而牺牲孩子的自主权。

马特：我知道，珍。我知道。这是我爱你的众多原因之一。

珍：是这样吗？是吗？

马特：是的。你也不会刻意想办法让我爱你。我爱你是因为你的自我。

珍：马特，你让爱你这件事变得如此简单……因为你的自我。

  珍和马特之间有这样的对话，是因为珍对于她的妈妈没有在情感上陪伴她这件事已经有了一些自己的想法。当她还是个孩子的时候，她就认为对于她的妈妈来说自己不够可爱。现在作为一个成年人，她对妈妈导致她们之间的疏远有了更进一步的理解。这种理解可能不会使她和妈妈之间在情感上建立更加亲密的关系，但这确实让她意识到这会影响她和女儿的关系。通常当父母意识到自己童年时期的亲子关系会影响到目前他们和孩子之间的关系时，就会有能力戏剧性地改变当前的依恋模式。主动觉察往往能消除这种影响，让父母可以以更开放和包容的心态接纳孩子和她自己。于是通常就有可能会形成新的关系。

在马特的帮助下，珍更深刻地理解了自己与女儿的关系。因为马特以接纳、好奇和具有同理心的态度与她交流，而不是分析和建议。这使得珍能够以接纳、好奇和对自己具有同理心的态度来思考问题。这给了她所需要的安全感，而这种安全感让她可以更深入、更全面地思考问题。

# 第五章

# 建立 PACE 态度

每个孩子和家长，都希望家是一个让人放松和感到安全的地方，在这里可以想笑就笑、想哭就哭。家也承载了一个人的希望和梦想，让人带着既兴奋又忐忑的心情做好准备去迎接随之而来的冒险和挑战。家是一个人的安全基地。当外界压力太大或刺激太多，又或者当你离家太久时，你的意识和身体就会对家产生反应，促使你回到家去休息、复原和充电。如果条件允许，你会回家；如果无法回家，想想它也会让你得到安慰。家是你的避风港。当家中氛围处于最佳状态时，成为家人的安全基地和避风港时，那么它很可能具备了 PACE（playfulness 游戏心态，acceptance 接纳，curiosity 好奇心，empathy 同理心）的特征。

PACE 可以概括为一种态度，一种人与人之间如何对待彼此的信念：彼此珍视并促使个人得到发展但不损害另一个人的发展。PACE 传达了这样一种认识：我们每个人都有自己的独特之处，我们需要在这里一起建立一个庇护所，这个庇护所是我们任何人都无法独自实现的。在这样的家庭里，个人不为家庭牺牲自己的利益，家庭也不为个人牺牲家庭整体利益。

所有人——父母和子女的权利都是同样重要的，都受到尊重。父母的权威并不意味着父母的内心世界比孩子的内心世界更重要。每个人都可以将自己的思想与感情、希望与梦想、记忆与意愿、价值观和信念与家人分享，并对家庭的发展产生影响。父母保护和满足孩子的需要。父母有责任确保孩子的安全。在这方面做得最好的父母往往会尽最大可能确保孩子和他们在一起时能感到安全。当孩子感到安全时，父母的指导和规定、价值观和判断、经验和意图才更可能被孩子们接受，并对他们产生影响。当一个孩子担心父母会批评自己某个方面的时候，他很可能会把自己这个方面隐藏起来，以减少父母对这方面的影响。恐惧会在短期内让孩子听话，但从长期看却削弱了真正的影响力。PACE态度提高了孩子与父母在一起时的安全感。同时帮助孩子在心理上做好准备，从而能够接受父母的指导，还能使自己的自立能力得到全面发展。

　　PACE态度的基础是父母在孩子尚是婴儿的时候，与他进行的互动游戏和对话中所表现出来的态度和内心世界。这种态度传达了一种开放、热情以及对无条件的爱与喜悦的追求，有了这种态度，婴幼儿就可以顺利成长。这样的态度对于促进安全型依恋、亲子关系以及丰富而全面的主体间性体验都是至关重要的，这种丰富而全面的主体间性体验不仅对双方都有好处，而且对于孩子的全面发展也是非常有益的。由于许多实际的、心理的和文化的原因，随着孩子的成长，父母往往会越来越少地采取PACE态度。随着父母开始对孩子进行社会化教育，PACE态度出现的次数就更少了。在社会化教育过程中，家长往往认为他们需要采取更为严肃和严厉的语气，这样的语气不仅仅是为了引起孩子的注意。它常常传达了一种认为孩子的行为是错误的看法。虽然看起来是为了促使孩子在行为上更符合社会要求。但这种严厉的语气也常常意味着父母正在评判和纠正孩子的想法、感受以及行为背后的意图。

习惯性地采取严厉的语气对于孩子接受社会化教育不仅没有好处，实际上还可能不利于孩子的接受。这种语气不鼓励相互影响，因此不利于主体间性，而主体间性是人类所拥有的最有效的社会化形式。实际上在教导孩子的时候减少这种严肃的、易怒的、非语言的语气并不像人们想象的那么容易。家长们世世代代都是用这样的方式来对孩子们进行社会化教育，为了采取更开放、更具有相互影响力的态度所做出的任何重大改变都需要大量的反思和实践。

父母通过 PACE 态度向孩子传达了父母对于他的一种核心情感基调。这使得孩子能够以安全和开放的心态回应父母，接受呈现出的主体间性体验。当一个孩子愿意接受父母的看法时，他也会愿意接受父母的管教。当父母非常愿意接受孩子的看法时，孩子也会非常乐意接受他们的看法。随着对 PACE 态度越来越重视，对于解决问题、规则和后果以及强制遵守的需要则会逐渐减少。在父母与孩子的相处中会自然地形成教导，这种方式实际上可以强化教导的效果，而不是使其受到影响。现在我将详细介绍 PACE 态度的四个组成部分。

## 游戏心态

父母和婴幼儿待在一起，通常都会和孩子做游戏。当一个婴幼儿处于安静和警觉的意识状态时，他想要与父母互动。但是他要的不是教导，而是游戏。他希望的互动能有节奏、动作和欢笑，并以夸张的面部表情和变化丰富的声调（我们称之为抑扬顿挫的声音）来表现。他既希望从不断的重复中获得安慰和持续的陪伴，也想要从父母的表达中获得惊喜。大多数父母知道如何保持婴幼儿的注意力。他们凭直觉以孩子想要的游戏方式与孩子互动。

父母与婴幼儿之间的这种互动看起来确实可以给婴幼儿以及父母带来活力。一位著名的婴幼儿研究者丹尼尔·斯特恩（Daniel Stern）称之为活力的影响，这种影响是以在这些互动过程中表现出来的情感基调为特征。他通过强度和节奏来衡量这种影响。当他研究情绪状态的变化和持续时，他发现大多数父母能够凭直觉使自己的情绪状态与孩子保持一致。父母和孩子表达的节奏是一致的，表达的强度也非常相似。他指出，比起不同步的状态，婴幼儿更喜欢这种一致的状态。研究发现对于父母也是如此。父母与婴幼儿之间这种一致的情绪状态被称为同调（attunement），它被认为是婴幼儿发展人际关系和自身成长的基础。游戏是父母和婴幼儿之间最常见的同调状态。

父母和婴幼儿之间的交流大多集中在游戏上。童谣、躲猫猫、捉迷藏和"我要去抓你"的游戏都会让孩子兴奋和大笑，在这过程中，婴幼儿和父母交流他们彼此的愿望、情绪和意图。在微笑中，随着对快乐和共同兴趣的体验，语言能力逐渐显露出来。这些情况大部分发生在开始管教之前，或者说在此时游戏是最主要的互动方式，管教是次要的。

这些在孩子刚出生后几个月和几年里的共同游戏对婴幼儿有很多好处：

1. 主要的共同情感是快乐、有趣、兴奋和幸福。
2. 在做游戏时，父母和孩子都以开放的心态接纳彼此。
3. 在游戏活力的影响下，婴幼儿学习调节自己的情绪以和父母一致。
4. 婴幼儿逐渐形成与父母相同的兴趣和共同的体验。
5. 当父母把注意力集中在游戏活动中，婴幼儿通过参加游戏，将会提高自己的注意力和专注力。
6. 通过这些有趣和欢乐的时刻，婴幼儿将会发现自己和父母的积极品格。

7. 婴幼儿和父母之间会形成强烈的无条件的爱和安全感，在日后父母对孩子进行管教的过程中，这会帮助孩子应对压力。
8. 婴幼儿将会发现这种互相影响的合作态度的意义和乐趣。

当父母认识到亲子游戏的价值并将其融入日常生活中时，亲子游戏会在整个童年时期不断促进亲子关系的发展和孩子的成长发育。

### 发展游戏力

可以相互感染的大笑通常是游戏心态的一个标志。笑是消除羞愧和恐惧的一剂妙方，当父母和孩子大笑的时候，他们都会感到安全和被接纳。欢笑把这种无条件接受对方的经验保留在记忆中，这种接纳是解决分歧或问题的基础。在欢笑的时候，父母和孩子通常会对彼此以及他们之间的关系有种特殊而美妙的体验。这些体验构建了一个安全网，使父母和孩子能更好地应对未来的冲突和分离。游戏心态和调侃往往成为一种重要手段，使父母和孩子能够接受并温和地应对可能导致冲突的彼此的某些个性。比如，一个爸爸在全家人上车之前要把所有东西检查两遍，结果他会有些急躁。如果他对这件事能够自嘲或接受对该行为的调侃，那么他的家人就会更能够接受他的这个特殊的行为习惯，并且对于额外的请求不会感到非常不满。于是这个旅程将会有更好的开始。这种调侃的语调表明家庭关系比家庭成员在个性上的任何令人不适的小问题都要重要。这种接纳反过来又会减少这些特殊行为。

幽默会帮助孩子们从另外的角度看待事情。幽默可以让人从另一个视角看待事件，能够在确定自己了解事件意义之前先不急于下结论，即对其他人的看法持开放心态。幽默可以让孩子看到一件事情未必只会带来负面影响，并且能够注意到那些可能被忽视的积极的方面。

虽然大笑、调侃和讲有趣的故事确实符合游戏性，但是父母和孩子并不是必须通过游戏才能建立亲密关系。随着孩子年龄增长，关系变得更加亲密，游戏性往往意味着对正在发生的事情以及接下来可能发生的事情表现出轻松和开放的态度。不用刻意地安排。父母可以和孩子一起玩游戏，也可以一起去散步。他们在进行这些活动时是处于一种放松的状态。每个人都欢迎其他人的陪伴，愿意分享自己的体验，并能够接受他人的看法。活动的目的仅仅是提供一个临时的空间和时间让他们在一起交流。他们的主要目的只是在一起，享受彼此的陪伴。在一起的这段时间，其他的事情都不重要。任何冲突、责任和挫折都被搁置一边。当以游戏心态进行这些活动时，正是加深、增进和恢复关系的时刻。这是彼此吸引的时刻。这种体验一旦被拥有，就不会被遗忘，无论将来发生什么冲突，冲突背后的关系都不会改变。

游戏心态的轻松和开放性是进行日常活动时要保持的重要品质。这些品质使父母和孩子双方都能更加充分地融入当下，同时使他们的关系建立在无条件的爱的基础之上。具有游戏心态，有助于将看待事物的视角转向关系中的重要部分、更大的目标和未来的生活。这种品质使父母和孩子不会把事情看得太重。当孩子犯了错误，父母也能够看到他做对的地方。当孩子出现问题时，父母也不会忽略他的优点。当父母采取"不公平"的惩罚时，虽然孩子往往认为这是不必要的，但也知道父母是善意的。如果父母和孩子能够体验到自身角色以及在一起的快乐和幸福，任何问题都更容易应对和解决。

有一位父亲告诉我，他与七岁的儿子发生了冲突，他的儿子叫他"小气的老家伙"。那天晚些时候，男孩告诉他的父亲自己爱他。父亲提醒他早些时候说过的话，问他是否改变了主意。男孩回答："哦，不，爸爸，你是一个小气的老家伙，但我仍然爱你。"

八岁的男孩山姆，像很多其他八岁的孩子一样不爱整洁。妈妈在穿过餐厅的时候，看到他的夹克半搭在椅子上，于是她喊在家庭室里的儿子，叫他把夹克挂起来。她听到他对着电视节目嘟囔着什么，于是她笑了笑，自己拿起了夹克。半小时后，她叫儿子和丈夫吃晚饭。当他们走进厨房的时候，他们注意到山姆的夹克挂在窗户上方的钩子上，那儿通常是用来挂植物花卉的。

**山姆**：妈妈！
**妈妈**：什么？（一副不知情的样子）
**山姆**：你为什么这样做？
**妈妈**：做什么？
**山姆**：把我的夹克放在那里。
**妈妈**：我想我应该帮帮你，刚好我要去厨房，所以就把它挂那儿了。
**爸爸**：你这可不是帮忙。
**妈妈**：嘿，当山姆没有把夹克放好的时候，我可没看到你帮他。
**爸爸**：嘿，我把我的外套挂好了。
**妈妈**：还好你这么做了。如果你不这样做，我给你的外套准备了一个特殊的地方。
**爸爸**：那是什么地方？
**妈妈**：可能在车库里……可能会在隔壁乔治家。
**爸爸**：你不敢那么做的。
**山姆**：妈妈已经失去理智了，爸爸。你最好不要这样说。
**妈妈**：你是应该告诉他，儿子。他最好别这么说。嘿，为什么说我失去理智？
**山姆**：你的确失去理智了！其他妈妈都不会把她们孩子的夹克挂在厨房的窗户上面。

妈妈：你的意思是其他孩子的妈妈不会用我帮助你的方式来帮助他们吗？
山姆：这不是帮助。
妈妈：有一天你会认识到这点的。

## 游戏心态与关系修复

下面是关于利用游戏心态来改善依恋关系的建议。

### 承认错误

能承认错误的父母在对待自己的错误时很可能不会过于认真，可能对此付之一笑。孩子会以同样的方式来应对自己的错误，而父母也会像对待自己的错误那样，采取同样的态度来对待孩子的错误。

例如，一位父亲离开了饭桌一会儿，当他回来时看到儿子正在吃甜点。

爸爸：我告诉过你在吃派之前先要吃完饭！（一阵沉默。男孩看看桌上自己的空盘子，然后看着父亲，父亲也看到了。）

爸爸：哎呀！（把自己的盘子放在他儿子面前）我的意思是说，在你吃派之前，你必须吃完我的盘子里留下的东西！

男孩：（盯了父亲的盘子一会儿）这是否意味着在把你盘里的东西吃完之前你不能吃派？

爸爸：我想是的。

男孩：哦，我只能吃得下我自己的派，爸爸！对不起，我帮不了你。

爸爸：（笑）好的，你赢了！在说关于你吃派那些话之前，我应该先看看你的盘子。这是我的错，对不起！

男孩：没关系，爸爸，但是在你吃完饭之前，你还是不能吃派。

保持开放的心态

在令人心烦的情况下能够保持幽默的态度，会很有帮助。当父母能够不急着对孩子的行为动机做出判断时，才更有可能发现孩子的行为并不是出自他的本意，从而对孩子的行为就不会感到那么苦恼。这样就有可能以幽默的态度来看待这种情况。

一位父亲回到家发现草坪没有修剪，尽管他已经告诉过他的儿子，晚餐前需要把这件事做完。父亲并没有认定他的儿子已经忘记了他的责任而训斥他，而是意识到他首先需要了解他的儿子没有修剪草坪的原因。

**爸爸**：我注意到草坪没有修剪，怎么了？

**儿子**：割草机油箱里没汽油了！

**爸爸**：我不是跟你讲过，如果汽油用完了，可以用剪刀剪草吗？

如果父亲认为他的儿子是在公然违抗，于是责骂他，这会造成关系紧张，进而妨碍幽默感和亲密感的形成。不要用我们自己的想法来对孩子行为的动机做出判定，而是要直接去问他们，这样做通常会减少冲突并促进有效的沟通。

尽可能保持轻松心态

能保持游戏心态的父母很快就能发现当他们处理孩子的不当行为时，孩子可能不那么抵触了，并且更愿意为此承担责任。幽默意味着"只是针对行为"，这样可以使问题得以解决。

例如，父亲走进客厅看到电视开着，而课本却原封未动。

**爸爸**：我总是很惊讶地发现，咱们家的电视竟然可以自己打开，而课本就像把书页粘在一起一样总是打不开。

**女儿**：是的，爸爸，我已经关上电视20次了，但是它总是自动打开！

**爸爸**：那课本呢？

**女儿**：我本想弄开这些书页的，但是我担心撕坏它们，所以我就没使太大劲。

**爸爸**：谢谢。

**女儿**：没什么，爸爸。

**爸爸**：这对我来说也不麻烦。过来，让我看看能不能为你打开课本。

**女儿**：太好了，爸爸！（从沙发走到放课本的桌子边。）

## 接纳

接纳新生儿是很容易的。关于婴儿的一切似乎都如此珍贵，如此正确，似乎没有必要评价或改变他。即使他的行为给父母带来一些麻烦也很容易被接纳。父母知道，他不是故意在换尿布之后又弄湿尿布的。由于他的内心世界尚未形成，所以父母很容易做到不评价他行为背后的想法、情绪或动机。一个婴儿是可爱的，他自己也想让人喜欢。对绝大多数父母来说，接纳婴儿就像爱他一样容易，就像呼吸一样自然。

当父母和婴幼儿有联结时，如果孩子的内在世界从来不会感到被拒绝、嘲笑或失望，则婴幼儿的安全感会得以加强。孩子相信，他会被完全接纳是因为他本人，而不是他的行为，这一点无论将来出现什么情况都不会改变。这并不是说他的父母永远不会对他的行为感到愤怒或失望。他们会的，而且会不止一次。然而，只有他的行为会受到父母的评价、指导、判断和批评。而他从来不会因为自己是个什么样的人而被评判。

幼儿可以快速地表现出丰富的情绪来回应各种情况。这些情感既包括兴奋、喜悦，也包括愤怒、恐惧和悲伤。愤怒的情绪往往是父母最难接纳的。在一项研究中，安全型依恋的父母能够接纳孩子的愤怒，而矛盾型或回避型依恋的父母则不能。安全型依恋的父母不会被孩子的愤怒所影响。这些父母并不认为愤怒是错误或不好的；相反，他们认为这只是孩子自我的一个方面。然而，某些愤怒的行为是不会被接纳的，尽管这种行为背后的愤怒会被接纳。

当接纳是理所当然的而且能被孩子完全感觉到时，接纳就成为一个安全的基础。在这个安全的基础之上，孩子更容易从错误中学习，更容易接受父母关于他的行为的决定。由于他的行为并没有损害他的自我价值感，也没有威胁到他与父母之间的关系，所以他可以自由地去探究他的错误，也会对为什么父母决定他的行为需要改变持开放心态。通过接纳，孩子能够体验父母对他行为的看法，并且能够接受父母的指导——尽管在短期内他可能会感到沮丧和生气。

接纳是无条件的。他或她是父母的孩子，无论他或她做什么都不能使父母改变这个事实。在许多家庭中，完全接纳自己的婴儿对父母来说并不觉得困难。相反，他们对拥有这个礼物感到兴奋、万分高兴，感觉是幸福的、幸运的。他们会花几个片刻、几小时、几天、几个月的时间去积极地发现孩子的特质，他们总是喜欢并完全接纳这些特质。

接纳与放纵无关。行为仍需要评判和指导。由于在行为方面孩子有很多东西需要学习，所以父母需要教导他们。在限制或指导孩子行为的同时，无论如何父母会不断地表明他们的接纳。要做到这一点，父母需要把他们的教导和评判集中在行为本身而不是孩子身上。要做到这一点，父母不会采取不理孩子的方式作为惩罚手段。孩子的某些行为和决定可能是错的，孩子也应该承担相应的后果，但是这些后果从来不会对亲子关系构成威胁，或是判定孩子的本身（而非行为）存在不足。

### 保持接纳

学习和保持对孩子的接纳，关键是养成不仅仅根据孩子的行为来看待孩子的习惯。将孩子本人与他的行为分开使父母能够在处理行为问题的同时，也能表现出对行为主体的接纳。这样，孩子本人总是被无条件接纳，而他的行为则可能被接纳，也可能不被接纳。这种观点认为，孩子的行为代表了他在权衡各方利益、愿望和需求后，在那时对某种情况尽可能做出最佳回应的努力。家长可能不赞同这个选择，但仍然接纳孩子选择背后的意图。

多年来，我在工作中接触过很多家庭，我发现最有效的方式就是表达出我相信无论是父母还是孩子，都尽了最大努力来应对某种状况和解决家庭问题。当知道我了解他们已尽力而为，父母和孩子都会更相信我不是在找谁来问责。我知道他们并不是自私、小气或懒惰的人。他们的目标是合理的，尽管他们为实现目标所做的努力可能是错误的。把他们的目标和他们的优势和弱点结合起来。这样更能产生能够实现目标的行为。如果我没有首先表达出对所有在场人的接纳，有些人就不会有安全感。在这样的情况下，任何解决问题的调解措施都会遇到排斥，最终也不会被遵从。

对孩子的内心世界和亲子关系有信心，会更容易保持对孩子的接纳。当某些行为破坏了这种信心，继续表达出对孩子的接纳就会变得难多了。有时候这种信心的缺失与父母对自己育儿能力的怀疑有关。如果父母在设法解决这些怀疑的过程中并不感到羞愧，那么在接纳孩子的同时，他们将能够更好地应对孩子的行为。有时候，信心的缺失大多是因为孩子行为出现了严重问题。在这种情况下，首先了解行为背后的意图而不是做出反应才是明智的。当感觉被接纳时，孩子才更有可能与父母一起来了解自己的行为。行为问题的解决方案才会更容易出现。

### 障碍接纳的因素

以下建议通过使父母认清阻碍接纳的因素，从而促进父母对孩子的接纳。

#### 减少你的愤怒

如果父母对孩子行为的愤怒是强烈而持久的，那么接纳就会被破坏。父母常常认为，对孩子表现出明确而强烈的愤怒，对他们的管教才会更加有效。在短期内，正面影响可能比较明显。从长远来看，这些影响会趋于消失，这种行为可能变得更加根深蒂固。父母的回应已经把这种行为引申到了自我范畴，孩子很可能会怀疑和检验这种亲子联结——"我的父母是否接纳我并且爱我本来的样子？""她为我感到骄傲，还是对于我是她的孩子感到失望？"孩子既想知道又害怕知道答案。由这种怀疑和相应体验所导致的重复性的错误行为比我们想象的要多得多。

从长远来看，最有效的管教是让孩子能在亲子关系中保持安全感。强烈的愤怒会使这种安全感受到威胁。拥有安全感，孩子会更愿意接受管教。如果管教只是涉及他的行为，他很可能会很乐意去接受。但是，如果是对内在自我的管教，他很可能会变得相当排斥，不太容易接受。如果管教看上去针对孩子自我，就会使孩子产生羞愧感。如果管教看上去针对孩子行为，就会使孩子产生内疚感※。

如果只是短暂的愤怒情感的表达，这种管教往往更为有效。这种愤怒是针对行为并用语言表达出来，而不涉及与行为有关的想法、情感或意图。这种管教只限于少见的、严重的错误行为，而对于不严重的行为问题并不适用。仅仅涉及自然后果甚至没有具体后果的管教往往更为有效，后续的安慰、支持和关系修复也是如此。如果管教不影响亲子关系，也不会伤害孩子的自我价值感，这样的做法是最好的。事实上，管教可以成为确认亲子关系的无条件性的一种方式。如果不管孩子做什么，亲子关系都不会受影响，孩子仍然被无条件地接纳，那么孩子就更有可能接受管教行为。他一直会有安全感，而且相信父母对自己行为加以约束的目的确实是为了自己好。

### 避免否定判断

当父母对引起孩子行为的想法、情感和意图做出否定判断时，就会影响父母对孩子的接纳。

当父母对孩子的行为感到愤怒的时候，通常会假设孩子的内心想法导致这种行为。当父母说：“你拿了那笔钱，就是因为你总是想要按你的方式来做事！"父母的愤怒和判断不仅仅针对孩子拿钱的行为，还反映了他们对孩子行为动机的判定。只要他们的愤怒涉及孩子的内心世界，孩子就会感到父母不接纳自己。如果父母仅限于对孩子的行为感到愤怒，比如说"我为你拿这笔钱而生气"，那么孩子基本的自我意识和亲子关系就不会被愤怒情绪影响。

---

※ 译者注，关于羞愧感和内疚感的差异具体见 P129~130。羞愧感是指向自己的情绪，当认为自己不够好时产生。内疚感是指向行为的情绪，当认为做错事时产生。

### 维护亲子关系

当孩子做错事时，父母采取不理孩子的方式会影响对孩子的接纳。父母有时把愤怒、否定判断和不理孩子结合起来作为一种管教方法。父母把不理孩子这种手段视为管教的一个必要的组成部分，以确保孩子知道他的不当行为很严重，而且父母对这个问题也非常重视，以确保该行为不会再次发生。然而，不理孩子往往让孩子心里产生一些关于他的父母是否喜欢他的疑问。孩子甚至可能怀疑父母是否会为自己是他们的孩子而感到高兴。亲子关系会受到影响。当不理孩子经常被用作管教手段时，孩子的安全感可能会受到影响，从而导致行为问题更加严重。即使这样的问题没有产生，经常不理孩子也可能会造成关系上的疏远，从而使依恋关系对孩子未来生活的影响变小。

### 接纳孩子的内心世界

当孩子说他不喜欢父母的时候，父母可能会很难接纳孩子。接纳孩子的内心世界，包括接纳孩子觉得父母很烦的想法或情绪，对于大多数父母来说这是一件非常具有挑战性的事情。家长可能会觉得孩子的说法是不公平的、自私或是小气的。不过，孩子的不喜欢不属于行为事件，这是一种体验。这种体验是无关对错、好或不好、公平或不公平的，它仅仅就是一种体验。如果父母接纳了孩子的体验，孩子更可能以合适的方式来表达他的内心世界，而不是表现为不恰当的行为。通过接纳孩子的体验，父母更可能好奇孩子产生这种体验的根本原因以及其他相关原因，并且也想了解孩子对该体验的看法。例如，孩子是否希望自己没有讨厌过他的母亲，或者他是否对自己讨厌母亲感到高兴呢？

接纳是指向人的内心世界的，包括他的想法、情感、态度、愿望、认识、回忆、意图、价值观和信仰。父母自己的内心世界可能跟孩子的并不相同，但他们接纳孩子内心世界本来的样子，并且承认那是孩子自我的一部分，至少当下是这样子的。如果孩子说他不喜欢父母，父母肯定会设定界限，不接纳反映孩子不喜欢他们的行为。知道孩子不喜欢自己，可能会让家长感到痛苦和不公平。但是，通过接纳孩子的感受和看法，父母就可能了解造成他不喜欢自己的原因，这会使关系有机会得以修复。如果父母拒绝接纳孩子的内心看法，孩子就不得不隐瞒自己的看法，那这种看法就不太可能得到解决和理解。而这种内心看法将更有可能表现为不可接受的行为。孩子隐藏自己的内心世界会使关系修复变得更加困难。

父母需要强大的心理力量来接纳孩子对自己的不喜欢。然而，当父母能够接纳自己在孩子内心世界中所发现的任何原因时，她就可以着手梳理这些原因。

例如，十岁的约翰很不高兴，因为他的母亲告诉他弟弟可以和小狗斯波蒂在外面玩，而他必须要等到当天晚些时候再和小狗玩。

**约翰**：但我现在就想和斯波蒂一起玩！

**妈妈**：现在轮到你的弟弟了。如果你们两人一起和斯波蒂玩，它就会太兴奋了。

**约翰**：那不公平！你总是让泰迪和它一起玩。

**妈妈**：我说不行，约翰。你不能总让事情按你的方式进行。

**约翰**：你对我太刻薄了！你恨我！

**妈妈**：呀！你怎么会有这种想法？

**约翰**：但是这是真的！

**妈妈**：约翰，等一下。我刚刚说了什么？

**约翰**：你说我总是让事情按自己的方式进行！

**妈妈**：哦，天呐！我那样说了，是吗？约翰，那对你不公平。对不起。

**约翰**：你的确不喜欢我，是吗？

妈妈：如果我让你那么想的话，我很抱歉。我能理解你目前的感受。你很伤心，因为你现在真的想和斯波蒂一起玩，而我说不行。于是你很不高兴。事实是这样的。每个人在不能做自己想做的事情的时候都会感到沮丧。这并不意味着你是自私的，或者只是一直想着自己，或者做错了什么。你觉得因为你对我不满，所以我会认为你本身有问题，这我能理解。我真的很抱歉，约翰，我以后会注意我对你说的话。

约翰：我不认为事情非得按我的方式进行。

妈妈：我知道，约翰。我犯了一个错误，我不应该那样说。

约翰：那你为什么会那样说？

妈妈：有时我也会犯错。你生气了，但我有时候不想承认，你有对我所做的事感到生气的权利。有时我觉得你不应该对我生气，于是我就得找一个辩解的理由。这个理由就是你本身有问题——以及你对我生气也不对——但事实上不是你的问题。

约翰：所以，生你的气是可以的。

妈妈：当然可以，约翰。以前我也经常对我的爸爸妈妈生气，当他们不允许我做某些事的时候。

约翰：那时你的妈妈会因为你对她生气而难过吗？

妈妈：（微笑）我猜她会的，很难过。也许这就是为什么我有时候也会那样做的原因。我不喜欢我的妈妈对我说那样的话，而现在我竟然对你做同样的事！我必须更努力地克服这个问题。

约翰：我同意。

妈妈：所以如果你因为现在不能和斯波蒂一起玩而感到生气——你完全可以有这样的感觉。

约翰：不，没关系。我现在不想和它玩了。

## 好奇心

婴儿的每一个动作、表情、声音和眼神——都是独一无二的——都因其表达出的特殊意义而被珍视。婴儿每一个身体特征也都被认为是"我的宝贝"独一无二的可爱的特征。所有父母对自己孩子现在的样子和将来可能会变成的样子都会感到欢喜。

从婴儿还在子宫开始,父母就已经非常想知道自己的孩子会是什么样子了。从婴儿出生开始,父母对孩子的每一个明显特征变化都非常关注,包括婴儿的外貌、动作、生理节奏,以及他视线注视的位置。父母对婴儿每天活动中任何微小的变化都会有所觉察,都很快注意到一些新的变化,然后尽力去理解它。对父母来说,这些新发现通常代表着婴儿的特质和能力。实质上,父母在不断地对孩子进行探索,当他们有所发现时,他们自己也会受到这些新发现的影响。婴儿看到他的行为和表情对父母的影响,对这些行为就会有更清楚的认识,从而更可能选择对父母有积极影响的行为。父母对婴儿持续的好奇心会使父母根据婴儿的非言语表达猜测他的内心世界。父母根据自己的猜测与婴儿互动。实质上,表达模式、猜测和反应能力的发展对于构建婴儿的内心世界非常有帮助。当父母认为自己的孩子对猫会有热烈回应的时候,父母会表现出与之相一致的热情,婴儿的兴趣可能会随之发展,对猫产生了兴趣。如果父母没有回应孩子对猫的兴趣,这种兴趣可能不太会出现,而且也不太会被婴儿发现和关注。

如果父母认为婴儿是令人愉快、可爱和有趣的,婴儿也会认为自己拥有这些特点。但是，如果父母认为自己的孩子懒惰、小气或自私，婴儿也会认为他有这些问题。值得庆幸的是，父母有这样看法的情况并不多见，除了那些在自己是婴儿时被认为有这些问题的父母。大多数父母，大多数时候，都认为自己的孩子非常出色，并迫切希望每天都能更好地了解孩子。

### 发展好奇心

当孩子长大一些，管教行为则成为日常亲子互动中必不可少的一部分，这时候父母很可能难以继续对孩子保持好奇心。管教是让孩子明白父母认为安全或不安全、与年龄相符或不相符、对或错的行为和事件的一种必要手段。在管教过程中，父母常常一开始就认为他们知道孩子行为的原因。由于孩子正在做父母不希望他做的事情，而且由于父母已经多次告诉孩子什么是对或错，父母常常一开始就判定孩子不当行为的动机本身就是错误的。父母会认为孩子出现这种行为是因为"他只是想逃避"或"他只是懒惰"或"他只是没有努力"。

管教行为开始取代发现行为，消极动机的假设取代了积极动机的假设。这些假设取代了对动机的好奇心。当这种情况发生时，由于主体间性的原因，孩子们开始认为自己的确有消极的动机、想法或感受。孩子开始认为自己本身出现了问题。孩子开始牺牲对自己的看法，试图在与父母的依恋关系中保持安全感。或者孩子开始抗拒父母对自己内心世界的假设。他为了保护自我意识，开始反对父母对自己的看法，这甚至会影响他与父母之间依恋的安全。孩子试图说服父母，他不是坏孩子——他觉得父母认为他是。他开始认为自己必须在自我和亲子关系之间做出选择，而不是相信自己在亲近父母的同时也可以保持独立性。

### 不加以评判的 "为什么"

当父母对孩子的行为保持强烈的好奇心时,许多这样的问题都可以避免。如果父母对孩子的内心世界保持一种开放的、不加以评判的态度,那么因为父母管教所带来的冲突和关系紧张程度就不像平常出现的那样严重。管教需要针对行为,而不是针对假设出来的孩子动机。当只针对行为时,只要父母不试图改变孩子的内心世界,孩子往往会接受父母的权威。

好奇心是一种"不知道"的态度,它要求家长询问当下所关注的孩子行为背后的内心世界。无论涉及孩子什么样的内心品质,父母都会接纳——带着这样的态度进行的询问更有可能成功。如果让孩子公开地与父母一起探讨问题,他需要确保自己的内心世界不会受到批评。在这种情况下,当孩子的行为给自己或其他人造成了痛苦,孩子更可能承认自己的错误并改变自己的行为。如果他的内心世界受到评判,他更可能因为感到羞愧而试图掩饰和否认这种行为。

带着"不知道"的态度,着重对行为本身做出恰当的反应,父母便能够很好地接纳当前的情况和解决孩子的行为问题。那么孩子就会更愿意探索行为背后的可能因素,其中包括以下几种可能性:

- 认为他必须满足自己的需要,并且不能依靠别人;
- 没有安全感;
- 感到孤单;
- 羞愧感;
- 认为当前局势无可挽救;
- 自己太脆弱或太依赖他人;

- 害怕被拒绝；
- 难以自我调节强烈的情绪——积极的或消极的；
- 难以依靠父母来协调情绪——积极的或消极的；
- 觉得自己的生活太艰难了；
- 觉得父母并没有真正明白和理解自己；
- 臆断父母的动机和意图都是消极的；
- 对自己的能力缺乏信心；
- 对于家长在自己遇到困难时会给予安慰或帮助缺乏信心；
- 不愿意去寻求或获得安慰；
- 无法理解父母为什么要这样做；
- 由于感到害怕，所以需要否认内心世界；
- 不知道该如何把自己的内心世界表达出来，即使自己有这方面的意愿；
- 害怕失败；
- 不敢相信自己会幸福或成功。

如果父母接纳自己的孩子，在具有主体间性的体验中，孩子的这些体验可能会表现出来。这样，父母就可以和孩子一起了解这种体验，随着这种体验消失并融入更加协调的自我意识中，就可能减少或完全消除行为问题。

### 发现"为什么"

对孩子的想法、感受和意图持有不带评判的、开放的好奇心，很可能会促进孩子对自己内心世界产生兴趣，培养他认识自己的想法、感受和意图的能力，并鼓励他真实地表达自己的内心世界。这反过来也会使他的父母更好地理解他，即使在父母需要限制他的行为时他也会感到被理解和接纳。

为了传达这种好奇心，家长可以尝试和孩子谈论以下问题：

- 你怎么看？
- 和我谈谈那件事吧。
- 那对你来说意味着什么？
- 你希望发生什么事情？
- 关于那件事，你是怎么想的？
- 你现在有什么样的感觉？
- 你认为为什么那对你很重要？
- 如果你那样做，你期待接下来会发生什么？
- 我想我明白你为什么要那么做——有没有什么理由可以不那么做？
- 如果事情的进展没有如你所愿，你认为会对你有什么影响？
- 如果我不让你那样做，这对你来说是不是很难接受？
- 你看上去真的非常期待！
- 你计划了多久？
- 我想知道，如果你不能这样做会对你有什么影响？
- 我想我明白这对你意味着什么。我漏掉了什么吗？

重要的是，要用非言语的方式，以接纳和开放的态度来表达上述的话语和问题。父母认真倾听孩子的回应也同样重要。父母的目的是理解，而不是找机会改变孩子的想法，或是为了证明自己的判断是合理的。孩子对父母的意图非常敏感，很快就会知道父母是真的好奇，还是为了"说服"，以便自己的想法和意图能占据主导地位。好奇心要求父母真正保持开放心态，愿意受到孩子内心世界的影响，从而能够了解孩子。

当父母面对孩子表现出来的正面体验和行为时，好奇心同样很重要。通过好奇，父母表明自己不仅关注孩子的问题和弱点，也关注他的兴趣和优势。应该对孩子所有的一切都很重视。不要认为孩子的优点是理所当然的。当孩子表现良好时，不要视而不见。父母会不断地去发现孩子身上令人欣赏的品质并为他感到高兴，会为现在的他和未来的他感到惊喜。通过父母对孩子内心世界的这些品质的认识和反应，孩子会更加清楚地了解自己的这些品质。他很可能会为自己的这些品质感到自豪，并进一步发展这些品质。

父母这些进行发现的举动应该是顺其自然并且保持开放的。如果这些行为是刻板的，孩子可能会因为责任感或压力而不得不满足父母的期望：即期望他以特定的方式思考或感受，或者对某些特定事情或活动感兴趣。于是孩子会认为自己没有发展和改变的余地，否则他的父母可能会生气、沮丧或者对他更疏远。例如，父母可能会发现孩子喜欢打篮球，而且相当擅长。他们期望他能进入校队，而当他决定在空闲时间画画时，他们会感到不解和失望。在他们的愿景中，他们的儿子是一名受欢迎的学校运动员，但他却对父母的期望置之不理。孩子喜欢打篮球带给父母的喜悦被孩子喜欢艺术而带来的失望所替代。在这种情况下，孩子不太可能感到被支持和理解，反而更可能开始隐藏自己的希望和梦想。

举个例子，九岁的克里斯放学后对骑自行车毫无兴趣。他的母亲为此感到困惑，因为他之前真的很喜欢骑自行车，而且他似乎也没有用其他兴趣代替它。放学后他只是沮丧而闷闷不乐地坐着。

**妈妈：**嘿，克里斯，怎么了？

**克里斯：**没什么。

**妈妈：**哦，我最近注意到，好像你什么都不想做。甚至自行车也不想骑了。

克里斯：我想是的。

妈妈：怎么了？

克里斯：我不知道。

妈妈：我注意到你最近似乎有点难过……有一点忧伤。

克里斯：我没事。

妈妈：你说"我没事"的样子，让我觉得你不像平时那样没事。

克里斯：是不如平时。

妈妈：有什么办法解决呢？

克里斯：我不知道。

妈妈："不知道"是什么样一种感觉？

克里斯：你是什么意思？

妈妈：噢，如果你感觉不好而且你不知道为什么——"不知道为什么"是什么样的感受？

克里斯：我不知道。

妈妈：所以你也不知道那种感受。那一定很不好受。就像你的大脑有层迷雾，而你不知道为什么。最近这段时间这种一头雾水的感觉一定让你很累。这种情况持续很久了吗？

克里斯：是啊。

妈妈：我也发现了。我很好奇你为什么会这样？

克里斯：我不知道。

妈妈：是的，当我大脑有迷雾的时候，我也常常不知道为什么会这样。不过，我注意到，有时候，它来是为了帮助我不去关注那些我不愿意想的事情和人。它想成为我的朋友。

克里斯：你的意思是？

妈妈：有时候我觉得迷雾试图帮助我不去想那些困扰着我的事情。你觉着你的迷雾想要做什么？

克里斯：我猜……但我并不是想让他的狗被撞死！我没有！我甚至不想和它一起玩！（眼中有泪）

妈妈：克里斯，发生了什么事？

克里斯：我正在路上骑着自行车。而梅森先生正在外面和他的狗玩。他的狗一看到我就开始跑向我。我看到一辆车来了，我试图让它停下来……但它不停地冲我跑来……那辆车几乎撞上了它……梅森先生对我大喊。他说我想让他的狗被撞死！我没有！我并没有想让他的狗跟着我跑。我没有，妈妈！我没有！

妈妈：哦，克里斯……难怪有迷雾想要帮助你！梅森先生说他认为你想伤害他的狗！说你想让它被汽车撞到！这对你来说太痛苦了。首先，当时一定很可怕，他的狗差点被车撞了……太可怕了，因为我知道你有多喜欢动物。其次，梅森先生认为你是故意这样做——想让他的狗受伤——他的这种想法是多么伤害你啊！因为你是一个爱狗的好男孩！梅森先生太不公平了。

克里斯：妈妈，你是这么想的吗？

妈妈：是的，我是这么想的，克里斯。我认为梅森先生并不像我这样了解你。如果他足够了解你的话，他会知道你永远不会做任何伤害他的狗或其他狗的事情。永远不会！

克里斯：我不会那样做，妈妈！

妈妈：这方面我了解你，儿子。比其他任何事情都要了解！

克里斯：为什么他会这样做，妈妈？他为什么会这样说我呢？

妈妈：我不知道，克里斯。也许他很害怕，当他害怕的时候，他可能会说话不经思考。也许他觉得这是他的错，因为他没有让他的狗待在自己身边，或者没有把狗拴住。也许他为自己没能保护狗的安全而感到羞愧，于是他不得不责怪别人。也许就是这样。

克里斯：这不公平，妈妈。

妈妈：确实不公平，儿子。这不公平。不管他的理由是什么，他做错了，他不该臆断你想要他的狗跑到你身边，以至于让它差点被撞。他不应该那么做，因为这不是真的！

克里斯：是的，这不是真的，妈妈。

妈妈：我知道，因为我了解你是什么样的人，你不是一个会做这种事的孩子！

克里斯：我不是这样的人，妈妈。

妈妈：是的，你不是（拥抱他）。你知道吗？也许你不再需要那迷雾了。

克里斯：我认为我不需要了。

## 同理心

婴儿的情绪状态非常直接、明显和具有感染力。无论婴儿是传达欢乐还是恐惧，他的父母很快就能感受到。父母很快会分享和放大婴儿的正面情绪，而为婴儿的负面情绪提供安慰和支持。因此，父母使得婴儿开始认识和调节自己的各种情绪状态。当婴儿的父母与他一起体验某种情绪时，这种情绪是可控的。当婴儿感受到父母对他的同理心时，他就不会感到孤单。通过共同的情绪体验，婴儿意识到他的父母是能陪伴在身边的，是对他的需要敏感且有所回应的。

当父母对婴儿表达同理心时，他们会用夸张的非言语方式表达自己对婴儿情绪状态的体验。为了表达"我和你在一起",父母表现出非常明显的面部表情、富有节律和变化的声音、手势和身体姿势。例如,当婴儿看着父母微笑,并发出声音时,父母的面部表情和声音与婴儿协调一致,父母的整个上半身随着婴儿声音的节奏和强度而晃动。父母通过与婴儿相协调的非言语表达,让婴儿能够感受到家长的同理心。

随着孩子年龄的增长,父母也会用语言来表达同理心,但这些语言总是会伴有明显的非言语表达,传递了父母传递想和孩子一起体验他的情绪状态的意愿。不管有多大的压力,父母都愿意帮助孩子应对他的体验。这种协助不是解决问题或使孩子摆脱困境,而只是陪着他,同他一起体验。父母充满关心和理解的陪伴使得孩子在遇到困境时能够保持更加自信的姿态。他并不是一个人在面对。

通过同理心,父母能够与孩子一起体验,并分享自己的体验。父母不仅仅是觉察孩子的感受,自己也亲身体验。这样孩子会觉得父母能"感受"到自己的体验,从而对于与该事件相关的任何情绪基调和情感都可能会更适应。如果这件事对孩子来说压力很大,当孩子与父母沟通,并体验到父母在情绪上的陪伴时,压力就会减少。父母承担了一部分压力。父母的陪伴可以调节情绪,从而使孩子对于出现的任何情感都会更容易调整。通过与父母的情绪基调保持同步,孩子可以与父母保持同样的节奏,从而更容易应对痛苦。

当孩子体验到父母对他的同理心时,他通常能够应对非常困难的情况,而不会因为强烈的愤怒、恐惧、沮丧或羞愧等情绪而变得失控。当父母与孩子一起体验他的负面情绪状态时,这种情绪会减少。当父母与孩子一起体验他的正面情绪时,这种情绪也会被放大。

同理心必须通过非言语方式和言语方式来清楚地表达出来。通过非言语交流，父母传递的信息是他们对情况已经了解。他们非常理解孩子现在的感受，而且孩子也知道父母能够理解他。父母让孩子知道他们感受到了孩子的悲伤、恐惧或愤怒，他们能接纳孩子的这种情绪，并且相信孩子有应对能力。如果孩子做不到，父母会帮助他。父母的同理心帮助孩子获得足够的安全感，从而可以理解整件事。孩子能够更充分地反思这件事情，并且发现它的意义和自己可能的反应。

父母并没有让孩子从事件中摆脱出来，也没有为孩子解决问题。父母让孩子知道，自己和他在一起，尽管很困难，但相信他有能力处理好这种情况。父母对孩子的信心会让孩子对自己充满信心。父母对孩子的同理心使孩子在面对困难考验时也能对自己有同理心。他更能够接纳自己和当前的处境，不会有太多的沮丧和令人心烦意乱的自我评判，能以更加开放的心态进行灵活的回应，以尽可能适应情境需要。

### 发展同理心

同理心是与人相处时的一种自然反应。我们的大脑本能地会对他人产生同理心。如果我们曾经能感受到我们的依恋对象的同理心，那么对于那些把我们视为依恋对象的人来说，也很容易从我们这儿获得同理心。当我们的父母对我们表示过同理心，我们就很容易对我们的孩子有同理心。当孩子不能从我们这里感受到同理心的时候，往往是因为我们的注意力被大脑中别的事情分散了，被那些我们认为可能对孩子更有益的事，包括解决问题、教导、纠正、修复或救助等事情分散了。如果我们能够晚些考虑那些事情，在当时把那些事看成是不那么重要或者不重要的，没有了障碍，就能产生同理心了。我们若要以同理心与孩子相处，只需要意识到它的存在，并能表露出同理心。

对于孩子体验到的情感,父母并不感到不适,这一点很重要。当父母促进了自己的情感发展时,她也会更愿意在孩子需要时给予同理心。

### 影响同理心发展的障碍

遗憾的是,父母往往不相信同理心会有帮助。相反,他们试图解决问题,给出建议,甚至亲自来消除问题。有时候,父母会淡化问题,他们会告诉孩子为什么真的不必担心当前状况。父母可能了解同理心的重要性,但却不能在平常与孩子的相处中表现出同理心。

父母不会表达同理心可能是因为在他们的成长过程中没有感受过来自他人的同理心,所以不能直觉地知道这种体验会有多大的益处。如果我们以前没有感受过来自他人的同理心,那就很难对他人产生同理心。

父母可能更相信理性方式对孩子的帮助,因为这可能是他们自己的成长方式,而且这是很多育儿手册的指导原则。虽然理性可能有帮助,但只有在孩子首先感受到理解、宽慰和接纳之后,理性才会变得有效。同理心会促进这些体验。而且,在强调理性方式的情况下,父母经常会暗示这个问题的解决其实很简单,孩子应该能想到这一点。或者暗示既然孩子知道了处理问题的方法,他今后肯定不会再有同样的问题了。那么,如果孩子又出现了同样的问题,他很可能会隐瞒父母,对自己没有听从父母的建议而感到羞愧。

例如,十四岁的女孩贝丝,从学校回家时相当不高兴,因为她的老师选择了另一个女孩作为班级戏剧主角,而贝丝非常想演这个角色。

**贝丝**:爸爸,这太不公平了。我真的想当主角!
**爸爸**:我看得出来,为了得到它你真的努力了。
**贝丝**:是的,爸爸,我真的努力了!盖尔并没有像我那样努力!

爸爸：看起来这样让你对没有当上主角感到更难受了。

贝丝：是的，这就是我认为不公平的原因。我比她演得好！

爸爸：所以你认为如果她也付出了足够的努力，并且和你一样演得好，那你就更容易接受这个结果了。

贝丝：是的，那我就会接受这个结果。我会失望，但我会处理好这种情绪。

爸爸：我明白了。这不仅仅是因为没有得到这个角色。你还想知道为什么你没有得到这个角色，但还没弄清楚。

贝丝：就是这样！如果我认为这是公平的，我可以接受这个结果！但这并不公平！我认为只是因为老师更喜欢她而已。

爸爸：哇！如果你这么理解它……如果看起来只是因为老师更喜欢她而不是你，才让她得到那个角色——如果在你看来就是如此，我真的可以理解你对此得有多么难过。

贝丝：爸爸，为什么老师要那样做？她为什么这么不公平？

爸爸：如果那就是她得到角色的原因，如果只是因为老师更喜欢她……这会让人很难理解。我不知道，贝丝，我不知道。

贝丝：不可能是别的原因了！

爸爸：所以在你看来，这是唯一的可能性。

贝丝：是的，我真希望我知道老师为什么选择她。那么也许我就可以忘记这件事了。

爸爸：我能理解，如果你知道原因的话，会更容易接受这件事，尤其当老师的理由对你来说是合理的，在你看来是公平的。我能理解。

贝丝：就是这样。

爸爸：如果无法知道原因的话你会怎么样？

贝丝：我不知道，爸爸。我一直很喜欢老师。

**爸爸**：啊！情况更复杂了……更让人困惑了。

**贝丝**：是的，爸爸，的确是这样。

**爸爸**：贝丝，你似乎正在为此而苦苦挣扎，想要弄清楚这是怎么回事，同时努力处理你对没得到角色的失望情绪。你真的承受了很多！

**贝丝**：是的，好难啊。

**爸爸**：确实很难！而你一直在面对现实，想办法应对它。贝丝，你表现出了很大的勇气。

**贝丝**：但这个问题仍然困扰着我，爸爸。

**爸爸**：我知道。我理解。

如果贝丝的父亲试图通过采取特定的方法来帮助她解决问题，那么贝丝很可能不会再继续交谈，也不会感受到父亲是在帮助她控制因为所发生的事情而产生的强烈情绪。而在这个例子中，贝丝的父亲没有提出任何有用的建议或劝告，所以不会让贝丝在面对困境时分心。她只是需要有人陪她，不需要别人对此情况加以评判，不需要给出解决方法，也不需要为此感到愤怒。

## PACE，以爱相伴

爱被认为是亲子关系最基本的特征。如果没有爱，亲子互动包含的内在意图就变得不明确，而这种关系就会有不长久的风险。有了爱，互动的最根本的意图就显而易见了，它给双方的关系带来了安全感、并且在冲突和分离之后能对关系加以保护和修复。最初，当我谈到"态度"时，我用了PLACE这个缩写，包括爱（L）与其他四个特征。我现在则把爱看作是整个关系的最基本的特质，应该与其他四个特质区别。

基于此目的，爱被简单地描述为包含承诺和快乐。无论情况变好还是变坏，无论容易还是困难，承诺都会一直存在。它传达的是信心和信任，即无论发生什么事情，父母都不会改变对孩子的承诺。无论什么时候，只要孩子需要，父母都会有空、体贴、热情回应。只要有必要，父母会随时修复与孩子的关系。虽然父母可能会离婚并终止他们对婚姻的承诺，但他们对孩子的爱永远不会结束。这样孩子就会信任父母，感到安全，知道他们会根据自己的最佳利益做出决定。

如果父母经常采用不理孩子的方式进行管教，孩子可能会对父母对他的承诺产生怀疑，从而使他的依恋安全感减少，也可能会给孩子的成长带来很多问题。如果父母的愤怒似乎是针对他这个人的——而不是他的行为——这种疑惑可能会更强烈。如果父母经常用放弃和排斥来威胁孩子，孩子会更加疑惑，甚至更可能在成长中出现问题。这些针对不当行为的反应所带来的短期效果从长期来看很可能会丧失。这种短期效果对于亲子关系、孩子的协调发展以及积极的自我意识，可能会造成很大的影响。

父母通过无条件的不变的承诺给予孩子安全感，从而使孩子不需要通过对立行为来测试亲子关系。这样的安全感并不会使孩子想要成为好孩子或做正确事情的动力减少。相反，当孩子体验到亲子关系是安全和永久的时候，孩子更可能以开放的心态、持续地模仿父母的内心世界和行为。他们常常希望像父母一样行事，也希望父母能注意到他的生活方式和做决定的方式。承诺所带来的安全感会使得孩子们更愿意发展日后自力更生所必需的能力。同时，孩子不可能没有自己的看法。由于有安全感，他清楚自己的兴趣、想法和情感是有价值的，即使与父母的看法不同，他也有可能坚持自己的看法。孩子知道，尽管父母可能会质疑或限制他的行为，但他的看法仍然被重视，而且亲子关系也不会受到影响。在无条件的承诺下，从轻微到适度的分歧和冲突经常会有，但危害关系的严重冲突发生的可能性则很小。

快乐是对承诺的一种补充，能将爱带入生活并使爱变得更有意义和更让人满足。孩子在感到快乐的同时，意识到承诺不是义务，不是父母的工作或责任，而是表明了父母真正喜欢他这个事实——深爱着他——想和他一起做事情，想和他一起分享和深化体验，把他视为他们独一无二的孩子。感受到了快乐，孩子能真正体会到父母觉得他是可爱的、令人喜欢的和独一无二的。当父母喜欢他本身的品质时，孩子更能够在自己身上找到积极的品质。

因为承诺，父母会对孩子的需求做出回应。因为快乐，父母会主动和孩子一起做事情。他们想和孩子在一起，部分原因是喜欢他。而这很快就变成了一个互惠的过程。由于父母喜欢与孩子在一起，所以孩子也喜欢和父母在一起。这种快乐能够真正帮助孩子体验到互惠。互惠的快乐也能让孩子体验到自己的积极品质。他有能力使父母产生这些积极的回应。正是他的一些事情引起了父母的这些回应。如果感受不到快乐，孩子可能会觉着自己不够特殊，不能使父母微笑或大笑，或者让父母想要和他在一起。他进入房间，但父母的脸上没有笑容，声音也没有变得生动。如果日常生活中不能充分地感受到快乐，不能让爱看起来真实和可预测，尽管因为承诺爱仍然重要，但它会变得空洞，不再具有改变亲子关系的力量。

显然，父母对孩子的承诺可以一直保持不变，但父母和孩子在一起时却不能同样地一直会感受到快乐。在孩子做出一连串特别具有挑战性或对立性的行为之后，大多数父母可能会在一段时间内不喜欢与孩子互动。也有时候，由于与孩子完全无关的原因，父母可能会无法感受到亲子间的快乐，对于其他任何人、任何事也是如此。父母可能会情绪低落，感到责任过重，或者担心其他事情。这些时候，互惠的快乐是不太可能出现的。如果这种情况在亲子相处中并不常见，如果父母能够提供关于不快乐的原因，如果孩子完全有理由相信不快乐只是暂时的，那么这种情况不会对关系造成威胁，而是关系的一个小特点。在那个时候孩子需要知道父母正努力于使亲子间快乐再现。父母并不愿意，也不会接受，让关系保持疏远，让关系成为义务而不是快乐的源泉。父母会用行动证明孩子对他们非常重要，他们正努力着尽快让亲子间能再次出现互惠的快乐。

举个例子，山姆的爸爸在晚饭后经常和山姆一起打台球。一天晚上当山姆叫爸爸和他一起玩时，爸爸拒绝了。

山姆：嗨，爸爸，来玩台球怎么样？

爸爸：今晚不行，山姆。

山姆：来嘛，爸爸，就一局！

爸爸：我说不行。也许明天吧。(对儿子再次问他有一点生气)

山姆：(带着明显的失望走开了。)

爸爸：山姆，过来一下。对不起，我刚才对你有点凶。这跟你没有任何关系，约翰逊先生今晚给我布置了一些工作，所以我必须把重点放在工作上。我对他很生气，不是因为你。对不起，我把你当出气筒了。

山姆：所以你有家庭作业要做！(笑)

爸爸：你可以这么说。

山姆：很遗憾，爸爸，在完成作业之前，你不能打台球。(笑)

爸爸：要不只玩一局？(笑)

山姆：不行，你需要先完成你的作业。

总之，PACE 代表了父母态度的特征，能够在亲子关系中建立安全感和亲密情感，具有开放性并使双方感到快乐。它提供了一种背景，使任何冲突或行为问题都可以找到更容易的解决方案。它提供了一种平衡，从而不管在令人快乐还是紧张的情况下都能进行情绪调节和反思。最重要的是，这让父母不仅仅关注孩子那些具有挑战性的或令人担忧的行为，在他们心里孩子的地位永远不变。由于主体间性的奇妙力量，以及爱的力量，PACE 使亲子关系给父母和孩子都带来改变。

# 第六章 沟通

我们与家庭成员进行沟通的能力是我们个人发展和家庭关系的核心要素。孩子与父母的沟通能力能够使孩子有安全感，愿意学习和合作，能够感受到被理解也能理解他人。这种沟通能力促使孩子能够影响他人，同时也能够受他人的影响。能够让孩子了解自己的内心世界，包括想法、感受、愿望和意图，也能理解他人的内心世界。虽然婴儿的这些能力不断提高，尤其是在婴儿刚出生的头几个月里发展迅速，但婴儿还不能用语言交流。不过婴儿实际上一直在进行沟通，并且迫切需要有人与他交流。

由于无法用语言与婴儿沟通，我们会夸大我们的非言语表达使我们的想法、感受和意图尽可能地清晰。我们也会用一种非常独特的说话方式与孩子交流，这种方式被称之为"儿向语言（infant-directed speech）"，或者"妈妈语（motherese）"。这种沟通"由重复短语组成，倾向于创造出一种缓慢变化、不断循环的情感表述。"（Aitken &Trevarthen, 2001, p. 8）。这些"情感表达"正是我们与婴儿进行交互式交流的本质。当我们和婴儿在身体上和活力上的节奏保持一致的时候，他会感觉到我们理解了他的体验，同时我们也在和他共同创造体验。如果父母不参与其中，体验本身及其意义将会截然不同。

## 培养沟通能力

父母与孩子之间的对话模式随着孩子的成长自然形成。下面的建议提供了一些可以提高沟通能力的方法，进而提升孩子对父母的依恋质量。

### 非言语沟通

我们常常过度强调言语沟通，以至于忽视了非言语沟通在人际关系和生活中的核心作用。非言语沟通非常普遍，以至于常常被我们忽略掉。有时我们相信对孩子的影响需要靠言语才能实现，这些言语表现为高深的见识，常常以说教的方式进行。当孩子用言语方式进行回应，并且说的内容是我们想要听的，这样我们就会认为他们理解并且同意听取我们的建议，从而我们就会认为已经成功地影响了孩子。我们经常怀疑这种沟通是否足够有效，但是我们不知道需要再做些什么，或者用什么来代替说教，从而能对我们的孩子产生更大的影响。所以如果一直说教的话，效果会一次不如一次。

沟通的非言语部分（包括眼神交流、面目表情、语音语调和灵活的肢体动作等）比言语部分所传递的整体信息更多。非言语的沟通会比言语表达传达出更多的核心想法、感受和意图。当言语信息和非言语信息不一致时，非言语信息常常起决定作用。当我们的同伴提高嗓门说"我没生气"时,我们肯定会得出这样的结论:她很生气,但是由于某些理由不能在语言上承认。

沟通中非言语信息会传达出我们内心世界的细微变化,反映了我们所特有的悲伤、困惑或者兴奋等情感,而这些很难用言语表达出来。非言语的回应通常也比言语回应显示出对他人内心世界的更准确的理解。当用非言语方式表达内心感受时,我们会更强烈地感觉到自己对他人的理解以及他人对自己的理解。

在用书面文字表达时,尤其在写邮件时,文字本身通常是不明确的,并且易导致误解。如果我们希望沟通的意图能够被准确传达,那么非言语部分便至关重要。根据重音位置,看看下面几个句子所隐含的意思:

- "**我**没有说你很笨"(但是其他人说了)
- "我没有**说**你很笨"(但我这么想了)
- "我没有说**你**很笨"(但我说你朋友很笨)
- "我没有说你很**笨**"(但我说你很蠢)

同样,当父母很生气地吼孩子"你为什么那么做",孩子可能会以某种方式进行回应。而当父母以开放、好奇且不评判的方式说"你为什么那么做",孩子的反应可能会截然不同。父母的情绪状态、意图和对孩子动机的判断在很大程度上是由他说话时的非言语信息来传达的。我们通常不鼓励父母在与孩子交谈中说"为什么"。这个词本身并没有什么不对的地方。但问题是,当父母说"为什么"时,其背后的非言语信息是在传递父母的烦恼和期望,甚至表明父母坚持认为孩子事实上知道为什么,因此必须要告诉父母。

当我们用抑扬顿挫的声调说话时,这种方式往往能使我们保持注意力的集中,并可以传达一种轻松的情绪基调。在这样的表达方式中有一种是以讲故事为特点的，这种方式能够吸引听者的注意力，使人们产生兴趣，并且在传达说话者以及谈论对象的意图时，引导听者的情绪。这种讲故事的语调会让听者积极地置身于故事情境中，并且使他们在共同创造故事上发挥重要作用。几个世纪以来，讲故事一直是教导年轻人关于自我意识和丰富文化内涵的核心方式。这种表达具有连续性，可以使父母和婴儿之间的沟通方式与整个文化群体成员之间的沟通方式相一致。

当提高孩子的推理和解决问题的能力成为育儿的重点时，父母越来越多地试图通过教孩子这些技能来影响他们。而这种教导通常会致力于以说教的方式去告诉孩子什么是对的，什么是错的，同时期待孩子的理解和赞同。

说教方式对于描述客观事实（比如重力的本质）来说，可能是一种比较不错的方式——当然也许有人并不认可这一观点——但在谈到构成我们情绪和社会生活的主观现实时，说教的方式显然比不上讲故事的方式。如果从孩子的服从性和客观认识的角度考虑，我们可以得出结论：表面上我们的孩子同意我们的看法，实际上，他们要么只是想用最快的方式结束说教，要么是以放弃发展自己的想法和意图为代价来服从我们的说教，通过说教我们实际上是在教育我们的孩子要服从权威，而不是对某个问题或事件形成自己的认识。服从的缺点是它往往不会持久，或者即便持久，也往往是不能随机应变地加以应用。孩子可能会服从其他权威人士，而他们的价值观与目标可能并不符合孩子的最大利益。更好的方式是帮助孩子根据一个人或者一种状况具体的特点进行判断，从而将我们自己的价值观和目标与孩子的价值观和目标相融合，而不是完全相同。

讲故事的语调也传达了一种对听者的接纳态度，而不是评判和批评。这种接纳会促进听者采取非抵触性的回应。潜在的信息就是听者不会受到威胁或者批评。讲述者在传达自己的体验，并且对了解听者的体验也感兴趣。听者就会感觉到开放的、不带评判的语调，并愿意参与到沟通中。现在这才是真正的对话，讲述者和听者都能参与到对话中。在讲述的过程中，可能只有讲述者在说，但非言语的沟通方式一定会有相互影响的效果，而且在一定程度上，听者对故事的发展也会产生影响。

与孩子的沟通——实际上这也是关注依恋的育儿过程中所着重需要的——需要让孩子参与到对话中，参与到讲述中。这些对话侧重于分享我们的情绪状态，我们所关注的共同兴趣，以及我们对彼此的愿望和意图。这些沟通传达了这样一种理解，我们的关系建立在可以相互影响的对话的基础之上，建立在给予和获得的基础之上，即每一个人对他人都能理解和共情，也能从他人那里获得理解和共情。这种相互影响不会削弱父母的权威，相反，它起到了促进的作用。当孩子对这种基于相互理解和共情的关系充满信任时，他们会更完全地接受和尊重父母的权威。孩子们会认识到父母生活中丰富的经验使他们遇到特定的情况时会从一个更理性的视角做出最适合的回应。安全型依恋关系中，孩子也会认识到父母教导的目的是基于保证孩子利益的最大化。

非言语沟通关注对行为或事件的体验，而不是关注行为或者事件本身这个简单的事实。非言语表达可以传达出我们对他人在特定情境下的体验的关注、接纳以及共情。也可以传达出我们对他人在特定情境下的体验的批评、负面判断以及评价。在前一种情况下，孩子能够应对行为问题及其后果，而不会对自我造成威胁。孩子会从当前情境中有所收获，而不会影响亲子关系。在后一种情况中，孩子更可能感觉到这里对自我的一种打击和对亲子关系的一种威胁。这种情况下，孩子便不太可能有所收获。

有时，父母在管教孩子时会用严厉或批评的口吻。这种语气立刻让孩子产生一种紧张和防御的心态。无论家长说多少次"我喜欢你，我只是不喜欢你做的事"，都会如此。孩子更可能是对你说话的声调做出反应，而不是你说话的内容。一种更放松、更实事求是的语气更可能让孩子相信家长对孩子的批评指责只是在针对他们的行为。

### 言语沟通

强调非言语沟通的基本作用的同时，重要的是不要忘记言语沟通。言语所表达的意思是非言语信息所不能实现的。言语会使父母和孩子不局限于此时此地，把谈话带回到记忆中，带到未来计划中，并形成对事件、信念和价值观的一般认识。言语能够让父母和孩子表明自己的意图，避免误解。他们有必要解释清楚为什么他们会有那种行为、想法或情感体验。

随着孩子的成长，他会自然地形成语言理解能力，之后会很快地表达出少量词汇。当精通言语沟通时，他当然更能清楚地表达自己内心世界的方方面面。然而，除了和父母交流之外，孩子开始自言自语地谈论他的内心世界。他可以用言语来帮自己理解模糊的倾向性、感觉、情绪状态、恐惧来源、兴趣并明确自己的愿望和计划。没有言语，孩子就不能识别他内心生活的某些品质和特征；他不太可能了解自己；他不太能意识到他的意愿、想法和感受，缺少掌控感；他不太能组织和调节自己的想法、情感和意图。

孩子发展言语沟通能力的动力是希望与父母沟通的意愿，这种意愿所带来的好处远远超过沟通本身。安全型依恋既能促进孩子沟通的意愿，又能帮助孩子沟通顺畅。父母表现出对孩子内心世界的积极兴趣。而父母的关注又会让孩子对自己的内心世界产生兴趣。由于父母的兴趣和言语能力，他们经常把孩子的非言语表达赋予含义，也经常用言语来描述孩子在做什么、看什么，看上去打算要做什么，以及孩子对于当下的状况可能有什么感觉。通过这和孩子谈论他的感受，父母给孩子提供了谈论自己行为的方法。这些技能将会伴随孩子的一生。

父母与幼儿之间这种言语沟通的核心就是一种单纯地想要分享、使彼此都开心、交流对彼此关注的愿望。这种沟通在少数时候是为了评价、控制、批评或者教导孩子。当偶尔出现这种少数情况时——当然只是一小部分时间——它也有一定作用,而且孩子也会愿意接受父母的意见。然而,如果让这类沟通主导了亲子沟通,那么孩子就会慢慢减少沟通频率。

许多父母已经养成了针对孩子的行为经常与其沟通的习惯。尽管这种沟通可能是积极的——"好孩子""做得很好""坐姿很好",但这并没有减少对孩子的约束。在这种持续的评价中,孩子不会感觉到当父母以接纳的态度、双方都感到快乐的方式进行沟通时所带来的那种安全感。在那样的沟通中,孩子不必关注他是对是错,是好还是坏;他能够放松并且享受与父母的互动;因为父母的友好和理解,孩子不必在意父母的看法,或者担心是否获得认可。如果我们不断被评价,即使大多数的评价都是肯定的,没有人会在这样的关系中感到自在。只有当我们自身的品质被接纳时,我们中大多数人才会感到更自在。

## 双向沟通

父母与孩子之间的沟通经常是单向的,即家长在说,孩子在听。在这种"对话"中,父母的角色是建议、指导或者纠正,孩子的角色就是倾听、理解和遵从。父母一开始就决定了什么对孩子是最好的,而不是去了解孩子的看法(包括想法、感受和愿望),就直接把这个决定告诉孩子。在沟通中没有体现出父母首先应该去了解孩子的想法,然后将其融入自己的决定中。在沟通中也缺乏进行共同决策的尝试。

最有效的沟通是相互交流。每个人将想法、感受和愿望都呈现出来,都被对方所理解，从而有望达成共识。每个人都可能对另一个人的内心世界产生影响。对于决定什么对双方最有利，每个人的看法都是至关重要的。当父母与孩子之间没有达成共识，而父母必须做决定时，如果充分考虑到孩子的看法，孩子会更有可能接受这个决定。当孩子确信父母理解并接纳他的愿望时，即使决定与他的愿望相违，他也很有可能会接受。

正是保证了沟通的双向性（即：彼此都在谈论和倾听），他们的对话才有效地避免了激化和冲突，而提高了彼此间的合作。然而，为了使沟通变得更有效，沟通必须是相互影响的。父母不能只单纯地询问孩子的想法、感受或者愿望，而不去倾听孩子，不接受孩子看法的影响。如果孩子感觉到他所说的没有真正被听进去，那么这种对话很可能使亲子关系更加紧张。如果父母用非言语方式清楚地表达出对孩子看法的关注，那么孩子就更容易接受自己的愿望没有实现而和父母达成共识。倾听并不一定需要同意，但它确实需要对他人表述持开放态度，并做好被其影响的准备。

有倾听也有表达的对话模式也许对发展孩子的心智更为重要。正如我将在第八章讨论的，孩子的反思能力包括意识到自己的想法、感受和意图的能力，也包括意识到他人的想法、感受和意图的能力。这样他就能够不断地了解对同一事物或事件的不同观点，并能从较好的位置针对特定情况选择最适合的回应，他能够表现出灵活地进行回应的能力。

有了这种能力，孩子会逐步养成这样的习惯：面对问题情境采取留心的方式找出最佳回应，而不是简单地以冲动或者失控的方式做出反应。通过置身事外思考并形成自己的观点，他可以抑制自己的第一反应，衡量各种可能性（包括父母的观点），从而以一种更成熟的方式来做出回应。相互对话能促进这种思维方式的发展。即使父母不在身边，孩子仍会采取这种方式进行回应。

如果父母只提出自己的看法而不去倾听孩子的看法，就发号施令，孩子无法发展当父母将来不在身边时自己经过思考做出有意义决定的能力；这也会让孩子很难在做决定之前愿意考虑他人的看法，以及思考自己的行为对他人的影响。

双向沟通通常包括情绪和反思因素。这些因素出现在一个人的生活和关系中并与个人体验相融合，这些因素大致与个人的情绪和想法，非言语和言语表达相一致。每个人都具有反思能力，但每个人对同一情况的情绪反应却是独一无二的。情绪因素在沟通中会体现为对体验的直接表达，而反思因素则表现出一种置身事外进行思考的视角。综上所述，情绪和反思因素使人能够更好地了解自己的体验，成为人生经历的一部分。这些因素会在后面两章中分别探讨。

对父母而言，要促进这种具有相互性的沟通就需要有自我安全感。当父母的权威受到孩子的质疑时，如果父母没有安全感，父母可能会很生气，并且会坚持让孩子服从。如果孩子不认同父母心中所想，并且父母认为只有一种观点是正确的，而另一种一定是错的，那么父母则很可能批评孩子的观点。如果与孩子交流让家长想起了自己的父母，或者想起自己与父母交流受到批评时，那么家长做出的反应很可能与多年前她和她的父母对彼此的反应相类似。

正如前文所述，沟通包括非言语方式和言语方式。有时，非言语方式和言语方式所表达的内容并不一致。孩子可能说他对某件事感到愉悦但是他的脸可能传达出轻微的厌烦。孩子的声音、呼吸或者举止表示他很烦躁而且不耐烦，但他却可能表现出感兴趣和愿意做。当言语信息和非言语信息有分歧时，最好能够注意到这种分歧并表现出好奇。当孩子只是说同意做，但他的表情看上去表明他并不真想要做这件事，这时候，父母不要加以批评和指责，而是要引导孩子更充分地表达自己的内心世界。家长要对孩子所有的想法和感受都表现出感兴趣，而不只是对希望孩子有的想法和感受才有兴趣。这样一种引导通常会拓宽谈话内容，其中可能就包括孩子为什么对父母隐瞒了他的其他愿望。

当就非言语信息表达看法时，无论非言语信息代表了什么，重要的是要传达出对该信息的接纳。非言语信息反映了孩子的内心世界，孩子不希望别人对他的内心世界评判对错。如果孩子因为烦恼的表情受到批评，他可能会更封闭自己，更加不会对父母敞开心扉。尤其是对于青少年正常的个性发展，常因为这种批评更使亲子之间变得非常疏远，而这种疏远是完全没有必要和有危害的。

## 12个沟通技巧

牢记以下这些技巧，可能帮助父母促进沟通的相互性。父母应该：

1. 能明确表达或至少暗示孩子，父母对亲子关系的承诺。
2. 表明父母想要了解的是孩子的全部，而不只是行为。
3. 表明（不要用说教的方式）孩子行为之所以重要的原因，但不是找借口。
4. 表达对孩子内心世界的理解。
5. 表达自己和孩子在一起很快乐以及对孩子的喜爱。
6. 发现孩子行为中的优点和不足。
7. 向孩子说明父母的目的是帮助他实现最大利益。
8. 对孩子的痛苦给以共情，这也包括由于父母管教所导致的痛苦。
9. 确保管教不会损害父母和孩子之间开放式的谈话模式。

10. 表明行为上的冲突不会影响孩子在家长心目中的地位，也不会损害亲子关系。
11. 探寻特定情境中的最佳回应。
12. 去了解独一无二的孩子，重新体验对孩子的爱。

## 改善沟通方式

即使一开始沟通出现困难，下面的方法也可以使谈话更有效：

1. 停止说教。一旦注意到自己在说教孩子，就要暂停，承认自己说教，改变自己的语调，并引导孩子说出对于事件的看法。

2. 暂停一下。当意识到自己或者孩子情绪激烈致使谈话困难时，应该承认自己的情感，并且向孩子表明双方都需要暂停一下，等彼此能都倾听对方看法的时候再开始交流。

3. 说"我"，不要说"你"。当谈话中出现冲突而难以进行时，父母可以采用"我信息"的方式，把重点放在孩子的行为上以及自己之所以关注的原因。我建议父母开始与孩子对话时，要通过"我信息"的方式清楚地表述自己的想法和相关原因。例如：

- 你戏弄家里的小狗时我感到很生气。我希望小狗能够像家里其他人一样被尊重。
- 我认为这周末去给奶奶帮忙比去商店重要。奶奶不会要求我们这么做，但是我知道她需要帮助。

- 在我们出发去购物中心之前我想要把厨房收拾得干净和明亮。如果你愿意帮忙，我们就能快一点去了。

这会使孩子更清楚父母的内心想法，也给了孩子反思自己内心世界的机会。

4. 要有好奇心。回想一下之前提到的不带评判的好奇心的必要性。对那些在成长过程中没有这种体验的父母来说，培养对孩子的好奇心更有必要。对孩子的想法、感受和行为表示好奇，但不要评判。

5. 重新发现积极的一面。当父母意识到和孩子最近的对话大多存在冲突和问题时，可以尝试把谈话重点放在孩子的兴趣和优势上，对这些方面或者其他积极的话题展开讨论。

## 影响沟通的因素

当然，即使谈话可以相互影响，肯定有一些孩子有时并不愿意谈话。于是父母即便认识到了这种谈话方式的重要性，却不认为可以采用——因为父母试图进行这种具有相互性的谈话时，孩子仍会有抵触情绪，言语咄咄逼人或者不想交流。父母也许愿意表达出对孩子的接纳、好奇和共情，但是孩子说话的方式却让他们无法这样做。在下面的例子中，爸爸想要探寻儿子的内心世界以搞清楚为什么他要偷妹妹的东西，但是孩子并不愿意讨论这件事。那么爸爸就可能会认为自己别无选择只有惩罚儿子，即便爸爸并不知道究竟是什么导致了儿子这样的行为。

在放弃这种沟通模式之前，爸爸应该首先反思自己是不是一直以来主要都是以说教和评判的方式进行沟通的。如果是这样，爸爸应该向孩子承认这点，如果以前这些谈话给孩子带来麻烦爸爸也要表示理解，并且要表示以后的沟通会有所不同。爸爸也要承诺和孩子之间会有一个全新的开始，所以希望他们都要对自己和彼此有耐心。

即便父母保证了孩子不会因为他的想法、感受或者愿望而受到批评，但是当谈话无法促使孩子更多地参与进来时，那么父母可能会把注意力集中在孩子为什么不愿意沟通上。如果父母是以接纳、好奇心以及共情的态度来进行这种探寻，那么孩子可能会更愿意融入谈话中。对于孩子来说，与直接讨论偷妹妹钱这件事相比，讨论他为什么不想说这件事会容易得多。

**爸爸**：嘿，泰德，告诉我你为什么偷妹妹的钱。

**泰德**：不！

**爸爸**：帮我弄清楚这件事吧，泰德。这并不像你会做的事。

**泰德**：我不想说这件事！

**爸爸**：昨天你也这样说，那时我觉得我应该给双方一些时间来想一想。但我现在仍没搞清楚。你能帮帮我吗？

**泰德**：不！

**爸爸**：怎么啦，泰德？你为什么不想要和我讲话呢？

**泰德**：我就是不想！

**爸爸**：我能看出来，但是为什么呢？

**泰德**：我不想和你说话！

**爸爸**：你现在看上去一点也不想和我亲近。通常你都会想要帮我理解你内心的想法。

**泰德**：我现在不想了。

**爸爸**：所以你真的感觉和我不再亲近了吗？

泰德：对，不再亲近了！

爸爸：我对此很难过，泰德。即使我们意见不一致，但是我仍然希望能和你保持亲近……来谈一谈这件事吧，试着弄清楚我们的分歧点。

泰德：我不想！

爸爸：因为……

泰德：因为你从来都不听我说话。

爸爸：哇！难怪你不想要和我说话。对你而言似乎我根本不听你讲话……如果这是真的话，那么谈话就是浪费时间。

泰德：确实是浪费时间。

爸爸：对你来说我好像并没有听你讲话。是什么让你这样觉得呢？

泰德：我们谈话的时候你从来都不会改变你的想法。你总是对的。

爸爸：所以看上去我从未听取你的看法来改变我的观点。从来没有！

泰德：如果你肯听我说话，我就不会偷她的钱。

爸爸：哦，天哪，现在我更困惑了。所以你偷妹妹钱的原因和你认为我从不听你的意见有关。这就是你为什么不想要和我讲话了……这就是为什么你感觉和我不亲密了，并且现在也不想要亲近。头绪太多了，泰德，快帮我搞清楚吧。

泰德：但是无论怎样你都不会听的。

爸爸：我一直在尝试。我真的一直在尝试。我还是没办法弄清楚，我确实听到你说我没有听你讲话，你不想要和我说话，因为你认为我没在听，你就从妹妹那偷钱。帮我搞清楚吧，我需要你的帮助。

泰德：我告诉过你继续参加滑雪营对我来说有多重要。我告诉过你，但是你说我必须要自己存一半的费用。而我的钱都放在一起也不到一半。

爸爸：然后……

泰德：我真的想去，但你让我失望了。所以我偷了妹妹的钱，得到了我需要的钱。

爸爸：啊！你认为我当时没在听，不然我本会为你出全部的费用。你认为我并没有听到滑雪营对你有多重要。

泰德：对，你就是没听……或者你并不在乎。

爸爸：我很抱歉，泰德。我明白了，你认为那是我不给你钱的理由，你认为自己不是那么重要，不足以让我听你说话或者在乎你是否能去滑雪营。如果你觉得那些都是因我而起，你不想和我说话也不足为奇了。

泰德：好吧，如果是我弄错了，那是什么原因呢？

爸爸：因为滑雪营对你来说很重要，我以为你会愿意并且有能力凑够一半的费用。但是你认为我并不在乎你是否能去滑雪营。这也可能是你为什么没有凑够你那一半费用的原因。对不起，孩子。

泰德：你对什么事感到抱歉呢？

爸爸：我很抱歉我没有更清楚地阐明我的理由。我也很抱歉我没有让你知道我看得出来滑雪营对你来说意义非凡，我当时也很高兴你能向我寻求帮助。我很抱歉我没有询问你为什么没能凑够那一半的费用……我很抱歉我本应该让你清楚你对我有多么特别。如果我能避免这些，你就会了解我的理由，也许就会和我讲这件事了。

泰德：有时我并不确定你到底是如何看我的。

爸爸：对不起，泰德，真的对不起。我要向你保证从现在开始你会了解得更清楚。非常非常清楚。

像这样一次谈话之后，泰德可能会更能接受谈论他偷妹妹钱这件事并承担起责任。他的爸爸通过一直侧重于对彼此的内心想法进行沟通，包括他们对彼此的意义,从而能够发现偷窃行为背后的关键问题。与此同时,偷窃问题也得到了解决。

## 聚焦依恋关系的对话

星期六的下午,6岁的安和她的爸爸玩闹着从后院来到了厨房,他们刚刚在后院花了两个小时堆雪人、城堡和马。两个人又冷又累,也很高兴。妈妈在门口迎上他们,帮安把湿衣服脱下来,听着安生动地讲述着她和爸爸在雪地里冒险的故事。当妈妈给安准备点心的时候,安决定去拜访她的朋友苏茜,她住在一英里之外。

对于孩子尤其是年幼的孩子来说,他们很难在情感上从兴奋转为比较安静的状态。他们常常竭力想要使这种兴奋持续下去。这种转变本身也常常会使人感到混乱,有点自由落体的感觉。在这样的转变中,父母应该起到降落伞的作用以使孩子安全着陆。安的要求反映了她焦虑的情绪状态,以及对妈妈反应的愤怒。妈妈通过与安的情绪状态保持一致,让安知道自己想要了解她的内心世界而没有以一种冷漠或严厉或生气的方式说话。不管怎样,当安焦虑的时候,妈妈总是以平静的情绪加以回应。

安:我想要现在就去见苏茜。我想要告诉她我和爸爸做了什么。

妈妈:我知道你的确想去见她!你玩得这么高兴。你可以现在给她打电话,告诉她。今天过去找她太晚了。

安:但是我想要现在过去!

妈妈：我知道你想要过去，宝贝。你可以现在和她在电话里说，我们明天再说去找她的事。

安：不！不！我今天就想要去看她。

妈妈：哇哦！我看得出来，你真的想这么做。

安：让我今天去吧！

妈妈：我看得出来你想要去找她，宝贝！我知道的。

安：现在！现在带我去找她！

妈妈：哦，宝贝，你确实真想去！我今天不带你去的话你一定很难受。

安：现在！现在带我去！

妈妈：现在不见到她让你很难受！我对你说不可以也让你很难受！

安：我为什么不能现在去见她？

妈妈：太晚了，宝贝，你一直在和爸爸玩。今天太兴奋了，你们跑了一整天。

安：不！我想要去见她！

妈妈：我知道你想去，宝贝，我知道！

安：带我去见她！

妈妈：今晚不行，宝贝。今晚不行。

安：为什么不行？

妈妈：我已经告诉你了，宝贝。但是你不想听，对吧？

安：你太不讲理了！

妈妈：你现在是在对我生气吗？

安：我生气是因为你太不讲理了！

妈妈：我知道看起来确实如此，宝贝。

安：你就是不讲理，本来就是！

妈妈：而你确实在对我生气！

**安**：你为什么不带我去？

**妈妈**：哦，宝贝。这确实对你很难受！我怎么能帮帮你？

**安**：我不想你帮忙！让我一个人待会！

**妈妈**：但是你现在这么难受，我想要帮帮你！

**安**：不，你不想！

**妈妈**：我想要帮你，宝贝！我希望能帮你！

**安**：你不喜欢我！

**妈妈**：哦，宝贝，如果现在你是这个感觉我真的很抱歉。

**安**：你不喜欢我！

**妈妈**：如果你认为我不喜欢你那一定会让你更难过。如此强烈的难过！

**安**：我和爸爸玩得很开心，都让你毁了！

**妈妈**：确实！和爸爸玩得很开心，特别开心！

**安**：现在，都结束了！

**妈妈**：那让你更难受了，对吧？那种快乐好像也全没了！

**安**：是的！

**妈妈**：如果我们躺在沙发上，盖上被子，我给你读一个故事会不会有所帮助呢？

**安**：不会有帮助！

**妈妈**：那怎么能帮到你呢，宝贝？

**安**：做什么都没用！

**妈妈**：什么都不行吗？你来选故事怎么样？

**安**：我们可以读北极熊妈妈找到她丢失的小熊的故事吗？

**妈妈**：如果是你的选择，我们就可以啊！我很开心，因为我也很喜欢那个故事。

**安**：我忘了小熊是怎么走丢的了。

妈妈：我也是。我已经迫不及待想要弄清楚了。

安：我们读故事的时候能喝点热巧克力吗？

妈妈：我正希望你这么问呢！你和我想的一样。

安：嗯，你是我妈妈啊。

妈妈：嗯，你是我女儿啊。

安：所以我们想法都一样哦。

妈妈：我很开心。

这种沟通通常导致相似的结果，因为这种沟通具有相互影响的特点，父母和孩子有一致的情绪状态，对沟通主题有共同的认识，具有共同的目的——相互沟通、理解和被理解。父母需要专注于孩子的内心世界，在心里与孩子进行联结，循序渐进地引导孩子到共同的关注点和行为上。安最初的意图是说服妈妈带她去朋友的家里。在妈妈拒绝之后，她想要改变妈妈的想法。妈妈要想引导孩子以形成一个共同的意图，她需要先认可孩子的想法，对孩子没能得偿所愿的痛苦表达共情，从而引导孩子接受彼此都能接受的意图。也就是说，接受孩子不能当天拜访她朋友的失望心情，并给予安慰。

这样的对话比看起来更困难，因为这并不是大多数父母在自己成长过程中经历的对话模式。但是经过练习和承诺，这种对话能在彼此之间的关系中成为现实，也能减少冲突加剧的可能性，并产生更多的冲突解决方案。这还会让冲突后的关系修复变得更加容易。也能更成功地实现一天中的活动转换，让亲密关系、自主性、情绪调节能力和反思能力、心理成熟度，以及多种处事技巧都得以发展。让这种对话方式成为亲子关系的核心特征，可以真正地让亲子关系步入新的阶段。

# 第七章 07

# 情感联结

相对于不安全依恋，安全型依恋的孩子更有可能表现出健康的情感发展。安全型依恋的儿童在识别自己和他人的情感状态方面的技能可能更出众，在情感调节和沟通方面也是如此。能一直体验到安全感的孩子对他们自己的世界会很好奇，也会全身心地投入到探索中，并且会尽可能充分地体验世界。这种积极的参与一定会拓展孩子对各类事件情感反应的深度和广度。孩子的世界如果不回荡着不同韵律和强度的情绪基调该是有多么枯燥无味呢。

婴儿对很多内部刺激（如胃痛）和外部刺激（如大的噪声或突然的移动），通常会有突然和强烈的情绪反应。在与父母之间进行的具有主体间性的互动中，婴儿也会有类似的强烈情绪反应。他们通常对这些具有相互性的互动感到很兴奋，或者非常感兴趣。当这种情绪反应强烈时，婴儿只靠自己是无法持续调节情绪状态以使之维持在适度水平上。适度的情绪体验能够让宝宝对一件事保持兴趣和关注，发现事物的特点和性质。婴儿需要父母的帮助以避免出现情感缺失或者走向极端、失控的情绪。

当父母以主体间性的方式与孩子共处时，他们会与孩子的情绪状态协调一致。这样，孩子就能够融入父母的情绪状态中。如果父母能保持对情绪的调节，孩子也就能做到将注意力持续投入在引发情绪的这一事件上。如果孩子独自一人，很有可能无法调节出现的情绪，从而变得失控。孩子的行为会变得混乱，无法专注于当下的体验。如果父母能给予积极的、相一致的情绪上的陪伴，孩子更有可能将他对事件的情绪反应融入整体体验中去，而不是觉得难以承受。

有时候，婴儿也能够调节自己的情绪状态。他们通过打破引起强烈情绪反应的互动来实现情绪调节。通常，当婴儿与父母进行具有主体间性的互动时，他们会暂停一下，看向别处。与婴儿保持一致的父母也会暂停一下，安静地等他能重新进行互动。有时婴儿不能在强烈的情绪状态下暂停。例如身体不适、噪声，或者其他无法摆脱的外部刺激，或让他感到害怕的强烈刺激。即使孩子可以通过将视线从父母身上移走来摆脱外部刺激，如果父母能够共同调节孩子的情绪，孩子就能够更长时间地保持对互动的专注，从而促进他的情感发展。这将提高孩子注意力持续的时间，促进孩子更好地参与到具有主体间性的体验中。

## 培养情感能力

如果父母希望提升孩子的情感能力，记住下面的建议：

### 记住要同调

情绪同调处于主体间性、沟通和共情的核心位置，也被看作是安全感和接纳的核心要素，同时也是父母依恋史如何影响孩子的关键。情绪同调对于发展情感能力是至关重要的。没有情绪同调，婴幼儿将很难学会调节他们的情感以及整个情绪状态。拥有了调节能力，孩子开始能够了解情感，以双方都能理解的方式表达自己的情感，而不会对亲子关系造成影响。

情感能力通过无数次的互动得以发展，这些互动包含了对情绪状态的共同调节。当孩子兴致勃勃时，父母也很有兴致，那么孩子不太可能会焦虑不安。当孩子焦虑时，父母仍然很有兴致，孩子也会再次变得兴致勃勃。当孩子很兴奋，父母自己本身也表现出感兴趣和兴奋，那么孩子不会太疯狂。如果孩子很疯狂，父母表现出专注且有信心，那么孩子会再次恢复到正常的兴奋状态。当孩子平静，父母也平静，孩子不会变得倦怠。如果孩子有些倦怠，父母保持平静且专注，那么孩子也会再次专注起来。

因为孩子的情感很明显，父母能够与孩子每一个情感的表达保持同调，就好像孩子一直处于正常的情绪状态中。当孩子生气时，父母能够跟孩子对于生气情感的情绪表达在节奏和强度上保持一致，而不会因为孩子的生气而感到生气。孩子能够调节自己的内在情绪，以及生气这种特定的情感。当孩子害怕的时候，家长要以孩子平常兴致勃勃的情绪状态进行同调，而不是自己也害怕，这样恐惧就不会使孩子情绪失调。

**迈克尔**：我不喜欢你！（很大声很生气）

 **妈妈**：我听出来了，迈克尔，你现在听起来对我很生气！（与孩子声音表达的强度和节奏一致）

**迈克尔**：我在生你的气！

 **妈妈**：你确实是！

**迈克尔**：现在你不会让我出去玩！

 **妈妈**：是的，我不会的。迈克尔，而你真的很想出去！

迈克尔：我不喜欢你。(带着些许眼泪和哀伤)

妈妈：现在很难过吧。过来，宝贝，让我抱抱你。

  在这次交流中，迈克尔的妈妈既没有生儿子的气，也没有向儿子发火，但她仍然能与儿子生气情感表达的情绪基调相一致。通过这样做，孩子的情绪状态以及他的愤怒都得到了控制，他的愤怒会很快减少。如果妈妈生气了，孩子的愤怒就会随之升级，或者孩子会感到害怕。如果妈妈很平静且理性，孩子的愤怒也可能会加剧，此时孩子必须靠自己控制情绪，但他并不能做到对情绪的调节。

  孩子会逐步了解自己的各种情感状态，接受它们，然后逐渐地根据父母对自己说的话来识别他们。安全型依恋的孩子的父母通常都能接受孩子所有的情感体验。这些父母对待孩子的愤怒、恐惧和悲伤，与对待孩子的兴奋和愉悦一样轻松自在。

  我们的情感反映了我们持续探索世界各个方面的体验，这既包括内部世界，也包括外部世界。当我们遇到老朋友时，我们可能感到高兴，当我们在比赛中取得胜利时，可能感到兴奋；当我们面对挑战时，可能感到忧虑；当我们的朋友远行时，可能感到难过。其他情感体验可能没那么明显，但同样具有多样性。当我们看到薄雾从湖上升起时，我们可能感到快乐；当我们读到有关世界另一端发生的事情时可能感到生气；当我们在一个安静的下午坐在家里，享受空闲时光时，会感到宁静；当我们在每周任务列表上划去最后一项家务时会感到满足。

  当一个孩子经常情绪失控，很有可能无法调节任何情感。不仅愤怒和恐惧变得很容易失控，喜悦和兴奋也会如此。而另一些孩子通常能够表现出可调控的情绪基调，但是对某些情感却容易失控。在他们的成长过程中，他们的父母通常能够对孩子的情感给以情绪同调的回应，但对某种特

第七章 情感联结

定情感缺少情绪同调的回应。例如，有些父母可能对孩子的开心或者伤心非常敏感，并能接纳这些情感，但是对孩子的愤怒会感到焦虑，并且拒绝接纳这种情感。通常来讲，如果孩子的内在情绪状态经常失控，比起孩子情绪调节基本稳定，仅对于一两种特定情感会出现情绪失控状况，前者对孩子的情感发展会造成更大损害。

### 说出你真正的想法

交流中人们通常用非言语方式来表达情感，而言语方式更多被用来传达信息。当言语信息和非言语方式所表达的情感互相抵触时，孩子往往无法确定他人和自己的情感状态。接受自己的情感，不害怕与他人交流情感，能促使我们以一种轻松的心态对待这些情感，并能将其融入自我。当情感与想法或意图不一致时，情感往往会变得很不易控制，交流也变得困难。

父母可能不想在沟通中表达自己的情感，所以说话很理性。然而他们的声音和表情暴露了自己的情感，于是孩子知道家长生气了，并会产生相应的反应，对于家长可能隐藏自己的想法和情感，孩子会感到焦虑，这种焦虑会带来更强烈的反应。然而，我并不是说要解决这个问题就需要如实地告诉孩子父母的感觉是什么。当父母的想法和情感强烈时，这种坦诚通常导致情感上的痛苦，损害亲子关系，并使孩子产生羞愧感和愤怒感。比起不顾及后果的坦诚，或者用理性的情绪基调来隐藏内心的强烈情感，更好的回应就是父母要求暂停沟通，直到自己能平静一些，对整体局面更好地反思，然后再跟孩子表达内心的情感。到那个时候，父母就可以说出自己的想法和感受，而不会伤害孩子或者让孩子感到困惑。更重要的是，如果父母需要频繁暂停时，最好去更充分地理解为什么孩子的行为会激起自己如此强烈的反应,也要了解为什么很难把孩子行为和孩子自身品质区分开来。

### 以开放的心态对待孩子的情感表达

安全型依恋的孩子的父母能够陪伴孩子,具有敏感性并能积极回应。父母的敏感性指的是能够觉察到孩子的情感和整体情绪状态,而这种觉察能帮助父母对孩子行为做出最适合的回应。当家长认识到并接纳孩子的情感——无论是什么情感——家长就能够促进孩子的情感发展,促进与孩子内心世界的交流,并促进孩子内心世界的发展。

### 记住: 依恋关系就是情感关系

依恋关系与喜爱和愤怒、高兴和悲伤、安全和恐惧、兴奋和悲痛、羞愧和自责、分享和嫉妒等情感有关。依恋关系是使情感能力从深度和广度上得到巨大发展的沃土。当与依恋相关的不同情感得到充分表达时,这些情感便会得到更好的定义和融合,并且这些情感能使依恋关系本身发展得更深入、更全面,并带来更多的安全感。如果孩子需要抑制所有或特定的情感表达,那么依恋关系的界定就会更狭隘、更不自然,也会更加不明确。那么很有可能对孩子而言依恋不那么重要了,或者依恋所能带来的安全感也变少了。

从复杂的角度来看,处于亲密关系中的两个人的情感就像存在于一个人的内心世界中一样。如果双方对于跟亲密关系相关的情感表达乐于接纳并且支持的态度,关系本身就会更好界定、更自然,也会更令人满意。随着彼此间接纳程度的提升,就更能感受到被对方所理解,安全感也会得到增强,并且能以更开放的心态对待世界。

## 培养应对特定情感的能力

如果家长很难将某种特定情感归入可以接纳的情感之中，那么他们的孩子也会很难接纳这种情感。对于家长而言，促进孩子情感发展的最好方式是先提升自己的情感能力。如果家长能做到这点，当一个孩子和父母分享积极的情感时，父母能够接纳并且专注，这些情感就会得到发展和增强。同样，当孩子和父母分享消极情感的时候，这些情感就会减弱并趋于消散。我想选取三种特定的情感来更详尽地描述它们在孩子的成长和亲子关系中的地位。

### 愤怒

愤怒经常会给个人的整体情感发展和亲子关系都带来阻力。很多家长不鼓励，甚至不允许孩子对自己愤怒（认为这是不尊重自己）或者对兄弟姐妹愤怒（认为没有必要或者可能导致打架）。什么时候愤怒是有必要或者是合适的呢？这个问题将在下一部分关于愤怒的调节和表达中讨论。愤怒通常不符合家长对孩子在家里保持安静的要求。家长还经常分不清愤怒的情感和愤怒的行为，也没办法帮助孩子区分它们。同时，当孩子愤怒时，家长经常不理他们，以免强化这种情绪，这种处理方式绝不会发生在孩子悲伤或者害怕时。这种对孩子的愤怒的态度，使得孩子常常会感到羞愧，无法很好地控制愤怒情绪，在愤怒时也无法进行反思。结果，孩子无法学会如何恰当地表达愤怒，以及如何修复由于愤怒情感的表达所造成的人际关系问题。

毫不奇怪,处于这种成长环境的孩子,通常会以不当的方式对待愤怒,比如欺负别人(非常愤怒以至于迁怒于他人,把愤怒宣泄到不相干的人身上)或者成为被欺负的对象(几乎不生气,因为别人的愤怒而情绪失调)。显然,当这些孩子成为父母,有了自己的孩子后,他们在管教孩子的时候很可能也会用不当的方式对待愤怒。

愤怒的调节和表达可以通过以下方式得到改善。

### 模拟愤怒调节过程

父母首先要接纳和理解自身的愤怒,这样愤怒情感才能被调节和恰当地表达。父母可以尝试回顾自己以前的愤怒体验,然后尝试正常化这些体验,并且区分愤怒行为和愤怒情感。如果孩子很容易让父母发怒,父母应该弄清楚到底是什么在轻而易举地激起自己的愤怒,并减少孩子对自己情感生活的影响。当父母说"孩子这么做就是为了激怒我"时,父母往往是正确的。如果真是如此,要使孩子减少这种行为的最好方式就是控制自己不发火。如果父母在情感上有很强的控制力和调节力,不管孩子想要父母生气的动机是什么(例如,孩子认为父母让自己生气所以他也要让父母生气;考验父母的底线;考验父母是否能保证自己的安全感),只要父母不以愤怒来回应,孩子的行为带给父母的影响就会减少。

### 短暂地表达愤怒

如果父母对孩子的行为感到愤怒,就可以快速表达自己的愤怒,并且只针对行为给出愤怒的原因和给孩子行为上的建议。这样父母就有可能快速修复亲子关系。这就需要父母能够控制好愤怒情绪,并且对事不对人,确保愤怒的表达是短暂的，能讲明看法，并且事后立刻修复亲子关系并保证孩子知道家长的愤怒不是针对自己的个人品质而是针对自己的行为。这也会促进孩子为他的行为感到自责（当需要自责的时候），而不是因为自身品质感到羞愧。

### 情绪相配

当孩子生气时，父母通过与之相配的非言语的情绪表达（保持自己情绪可调），可以使孩子的情绪得到调节。（比如儿子说"我觉得你不公平"，然后父母可以回应"我听到了，儿子，我知道你是那么想的"）这使得愤怒情绪不太可能加剧。父母让孩子知道，对于孩子的体验，他们能够接纳、好奇并给以共情，同时还能控制与该情感相关的行为。如果父母更平和地谈论孩子的痛苦，并能让孩子感受到自己对孩子愤怒程度的理解，很可能会减少孩子愤怒情绪的表达。

### 接纳孩子的愤怒

如果孩子能够诚实地向父母表达自己的愤怒并且不会受到评价，这会有益于他们的发展。通常当孩子不能够表达自己的愤怒的时候，他们很可能也不会表达自己内心世界的其他情感。这往往会加剧青少年的一种普通倾向，即向父母隐瞒自己的想法、情感、意图和信仰。如果孩子不能通过表达愤怒来表明自己遇到的问题，那他们就更可能通过行为表达自己的不满。当然，对于表达愤怒，父母需要规定有些话不能说，但有些话允许孩子说。通过面部表情和语调表达愤怒的非言语交流方式也同样是必要的。认为孩子发脾气就是不尊重他人，对于这种观点最好能重新思考一下。如果允许孩子向父母表达愤怒，这样的孩子可能和父母有更亲密的关系，能够承认父母的权威性，也很少通过不当行为来表达自己的愤怒。

### 接纳分歧

虽然相互理解和达成一致是重要的目标，但是这样的一致通常很难达成。孩子可能一直坚持要实现自己的愿望，感觉不被理解，并且很难接受父母的决定。在这些情况下，父母最好能完全接纳孩子的愤怒，尽管父母可能会对孩子表达愤怒的方式加以限制。试图通过讲道理劝说孩子不要生气往往让情况变得更糟。孩子的愤怒不代表父母管教的失败。通常这只是因为管教而感到沮丧的自然表达。如果孩子的愤怒让父母感到愤怒、怀疑或羞愧，家长就需要尝试让孩子摆脱或者压制愤怒情绪。如果父母只是在情绪的表达上和孩子一致，并表示出理解和接纳，同时在管教方面仍然明确坚定，这样就能很大程度地促进情感的发展。

### 羞愧与自责

对于羞愧和自责，专家和家长都会有很多不同的理解，因此对于这两个词在本书中的含义，我有必要进行说明，这一点很重要。虽然这两个词经常被混用，但我根据 Tangney 和 Dearing 的观点和研究对它们进行了区分。

在儿童成长过程中，羞愧的出现比自责早。羞愧指向自己，而自责指向行为。羞愧让人觉得自己不好，没用，不值得被爱，或者在某些重要的方面有不足。自责让人觉得自己做错事了——经常给别人带来烦恼或者痛苦——或者不能做自己想做的事。因为羞愧是针对自身的，孩子会觉得自己对于克服羞愧感无能为力，因为他无法改变自己的核心品质。结果就是，他很可能会否认自己的所作所为（比如撒谎），对自己的行为轻描淡写，为自己的行为找借口，或者责备他人。当这些努力都徒劳时，对于让他必须关注自己令人羞愧的行为的人，他会感到愤怒。对于自责，孩子可以克服它，因为行为是可改变的。如果有些不好的结果无法弥补，孩子就会为了补偿和修复关系而接受甚至主动承担后果。当自责时，孩子会关注他人以及自己的行为对他人的影响。当羞愧时，孩子会关注自己以及如何最小化行为对自身的影响。

那些善于用各种方式来掩盖羞愧的人，对他人的共情能力较弱，而那些做错事容易自责的人，对他人的共情能力较强。根据本书的定义，自责并不是任何心理问题的表现，但羞愧和很多体现心理问题的表达方式有关。过度的羞愧会阻碍自责的发展。并且在感到羞愧时，它会阻止人们对自己的行为负责。管控羞愧可以促进自责发展。

根据这个定义，当我们说"太多的愧疚"时，我们实际上指的是自责。当一个人对另一个人做了错事，感到自责会让他意识到自己对他人造成的影响，并且促进他去修复关系以及不再出现这种行为。于是就不再感到自责。自责表明一个人的行为已经给另一个人带来麻烦，并且这种行为需要改正。自责的任务完成了，它就会消失。然而，羞愧表明一个人自身品质有缺点并且无法改正，这种情感会一直存在，在心中越来越郁结，并且通过很多不当的方式（撒谎、责怪他人、找借口、发火）来表达自己的情感。因此，我关注的是羞愧的调节而不是自责的调节。可以通过下面的方式促进羞愧的调节。

### 表达共情

当孩子表现出羞愧时（如我很傻、很坏、很自私），和孩子争论这件事，说他并不是这样的人，实际上并没有帮助。在感到羞愧的时候，大多数孩子（成人也是）不会相信其他人。事实上，在感到羞愧的时候，大多的孩子会为了不要被父母看到坏的一面而试图掩盖自己的羞愧。孩子确信其他人要么不是很了解他，要么就是在说谎，又或者是因为在生活中担任的角色（父母）而必须这样说。当孩子表现出羞愧的时候，父母能够感受到并且表达共情通常是更有帮助的回应。例如：

- 如果你认为自己很坏，你心里一定不好受。
- 你真的好像对自己太苛刻。
- 带着这种羞愧感一定让你感到很难过。

这些表达不会引起孩子任何争论，而且让孩子感受到被理解。这些表达可能会将谈话引入某些相关问题（好奇），孩子是什么时候开始觉得自己很坏，是否有些时候孩子虽然做了错事但并不觉得这就表示自己很坏呢。之后，当孩子感觉到父母有些理解自己的时候，他可能问父母——或者父母可能试探性地表明——对他的看法，以及观察父母的看法是否与自己的看法不同。

- 其实，我并不觉得你很坏。我认为你有时会犯一些错误，但你人并不坏。

如果孩子能够接受父母对自己的看法，那么他就可能逐渐地开始重新思考基于羞愧的自我体验。

### 给孩子一些时间

当孩子做了错事，他可能首先会感到生气和羞愧，但一段时间后会冷静下来，从而更能够解决问题，并对自己做的事承担起责任。当孩子感觉自己陷入困境，并且预见到来自父母的强烈反对和批评，孩子可能会感到羞愧。当孩子感觉更安全，心情更平静，并且信任父母对自己的行为表现出的回应时，他可能会着手解决问题，并且负起责任。因为他有足够的安全感，他真正感受到的是自责而不是羞愧。如果坚持认为孩子是在找借口，找理由，或者在他做错事之后让他立即道歉，这些可能更会让孩子感到羞愧，使事情变得更糟，而且从父母的管教中学到的也比较少。

关注行为

既然羞愧是针对自我，而自责针对的是行为，之前提到的在管教孩子的时候将自我与行为分开，也有助于促使孩子体验到的是自责而不是羞愧。这也包括不假设我们知道孩子行为的动机，因为这样的认定总会把孩子的行为归因于负面动机，从而引起孩子的抵触以及可能使孩子产生基于羞愧的反应。行为需要被单独对待。之后，带着好奇心和共情，父母才能够探索与行为相关的孩子的内心世界。

修复关系

幼儿期的孩子们经常会因为父母纠正自己的行为而感到羞愧，无论父母在限制孩子行为上是多么慎重。这些年幼的孩子还没有反思能力来区分自我和行为，也不能了解父母的意图，以及意识到自己的行为对他人的影响。在这种情况下，为了减少和调节孩子的羞愧感，父母最好能凭直觉立即修复和孩子的关系，重新和孩子的情绪状态保持一致，给予孩子宽慰和支持，并可能用有所改变或全新的活动重新吸引孩子。如果幼儿在与父母的关系中有安全感，对于那个在一开始因为说"不"而让他们不开心的人，他们通常也愿意寻求和接受那个人的宽慰。随着进一步的成长以及羞愧的调节，自责会成为指导孩子行为的主要的社会情感。

### 兴奋

兴奋是一种强烈的积极情绪，可能很难调节和转化。虽然这是一种积极情绪，但事实上兴奋也可能让孩子产生问题，而且常常被忽视。我们想当然地认为孩子会喜欢这种情绪以及相应的活动。"好事过头反成坏事"这种说法就非常适合用在兴奋上。很多度假、特别的活动以及惊喜都是以欢声笑语、从高兴开始，却以冲突、愤怒、受伤的感觉结束。父母最初对自己能给孩子带来快乐感到很骄傲，但最终就会感到困惑和不满，因为孩子从不满足或者并不感激自己为他所做的事情。

对于兴奋的调节与对于愤怒或羞愧的调节一样重要。

当父母参与到孩子的活动中时，父母或者至少陪伴孩子体验这种情感，这种陪伴要有主体间性，就会帮助帮孩子调节兴奋情绪。如果父母情绪上与孩子的兴奋状态一致，那么孩子在兴奋时，也能控制好情绪。如果父母跟孩子一样兴致勃勃，那么孩子就不太可能变得焦虑和失控。

父母通过语调、表情、手势和动作来表现他们在情绪上和孩子一致，这更可能帮助孩子和父母一起体验兴奋，并能让孩子通过父母的情绪调节能力来自控。如果孩子独自体验兴奋，很可能会兴奋过度而无法控制。如果能够保持情绪的分享，随着活动接近尾声，父母在过渡到没那么刺激的活动时仍保持对情绪的控制，那么孩子也非常可能控制好情绪。即使父母没有参与到最初的活动中，如果父母在情绪上与孩子一致，与孩子一样兴致勃勃，在过渡到更安静的活动的过程中，孩子则更可能成功完成转换。

父母需要回忆和反思孩子以往的经历从而了解孩子能够成功调节多大

程度的兴奋情绪。父母可能在决定如何组织活动以使兴奋得以调节的过程中，会考虑活动的特点，还有谁参与其中，活动的时长，近期活动中的压力和刺激程度，孩子的疲劳程度以及接下来会发生什么。

如果孩子总是难以调节兴奋情绪，家长可能需要回顾一下孩子之前的兴奋程度，是否总是兴奋过度。家长还可能和孩子讨论困难会以什么样的方式出现，并探索可能的应对方法。这些可能会使孩子认识到在兴奋的时候需要接受父母的引导、管理和限制，也会使孩子发展自我调节或自我安慰能力。

## 阻碍情感能力发展的因素

以下针对两种阻碍情绪能力发展的因素给出了建议。

### 用对或错来评判情感

最好把情感理解为自我的一部分，就跟人的想法、意图、愿望、认知和兴趣相类似。情感只有被接纳，才能被理解，才更能够引导我们了解自己的意图和兴趣，以及提升对自我的认知。如果孩子对自己的情感羞愧或者害怕时，他将不会明白情感在自己生活中的重要位置。相反，孩子会致力于摆脱这些情感，或者试图改变或隐藏这些事情。通常，如果孩子排斥这些情感存在于自己的内心世界中，这些情感反而会不断加强直到孩子开始意识到这种情感在他的生活中的意义。

情感会在以下方面为孩子提供有价值的指导信息：

1. 什么对孩子是重要的。
2. 这件事是否是孩子最感兴趣的。

3. 孩子是否是安全的。

4. 与他人是什么样的关系，包括对他人内心世界的感知。

5. 孩子真正的兴趣和价值观。

6. 关于自我的内心世界，他有哪些需要交流的内容。

如果我们能一直开放地接纳我们的情感，把这些情感视作了解我们内心世界的指导，而不是用对或错来评判，这些情感就更容易得到发展、认识、调节以及恰当的表达。

### 把情感融入想法最有利于交流

情感宣泄，指的是情感的表达，如果仅仅是为了表达本身，则没有什么意义。如前面所述，情感对于了解我们的内心世界具有指导意义。同样，想法也能让我们很好地了解自己的内心世界。想法和情感同时被体验和表达，这是表达一个人内心世界的最佳方式。单独地表达想法或情感，交流都会受限，也无法明确个人的感受，不管是对孩子还是成人都是如此。

父母经常会鼓励孩子"用自己的话"来表达。如果孩子具有对自己经历反思的能力，以及将自己的体验用恰当的语言表达出来，从而让父母更好理解自己的能力，那这就是一个有价值的建议。当孩子正在经历痛苦，如果能用言语表达出痛苦的本质，他就会得到很有帮助的回应，这要比只是尖叫或是哭泣有效得多。

然而，当孩子"用自己的话"时，父母却告诉孩子应该用平静的语气说出来，而且在言语交流中不能表露出情绪，这样父母其实也在阻碍孩子了解自己的痛苦。言语表达中带有情绪的语调，对父母了解孩子痛苦的程度、紧迫性甚至情绪发展的全过程有很大帮助。如果仅仅让孩子使用言语

（而不带入情绪），往往掩盖了孩子更多的内心想法。

有时，父母把带有情绪的语调视作不尊重的信号，会命令孩子"不准那么对我说话"！遗憾的是，如果对特定情绪的表达加以限制，甚至是对基础情感状态的表达加以限制，孩子通常很难对自己痛苦的特定性质进行沟通。孩子感到不被父母理解，事实上，他确实是很少被理解。在孩子表达强烈情绪时，只是限定某些词的使用，比试图限制情绪本身的非言语表达，是更明智的选择。允许孩子在生气的时候告诉父母，却不允许孩子同时用言语和非言语方式表达愤怒，这很可能会造成误解、欺骗，并使孩子对这两种交流方式都不愿意采用。

## 聚焦依恋关系的对话

16岁的苏问她爸爸自己是否能考驾照。因为她没有完成之前约定好的在考驾照前需要实现的各项目标，爸爸没有同意，于是苏非常生气。因为愤怒，苏指责爸爸很自私，这导致爸爸在情绪上也出现了短暂的失控，并试图像苏伤害他那样在情感上去伤害苏。这将非常可能导致他们的愤怒升级，他们可能会成为彼此愤怒的对象。如果这种情况发生，他们的讨论将不再具有主体间性，真正的沟通也会停止。

苏：其他所有人都在考驾照！
爸爸：那不是我的决定。
苏：但可能这教会你一些事。你要知道，你可能是错的！
爸爸：我已经尽力而为了！
苏：不过，但不够好！你就是这么自私！

爸爸：好了！够了！你朝我发火没关系，但不能那样说我。

苏：但你就是自私。你从没考虑过任何人，除了你自己！

爸爸：看看你自己吧！看看谁在说我自私！

苏：所以你觉得是我自私吗？那还真的多谢你了，爸爸！非常感谢你那么说我！那就是我的意思！你就是自私的！

爸爸：谁先用的那个词？

苏：所以你想要说什么，"我先说的"？好吧，爸爸，我先说的！现在你高兴了？

爸爸：不！我不高兴！……这样吵下去不会有什么结果。请停下来一分钟，停下来，我们都停下来！

苏：是的，你是对的！你赢了！讨论结束！

爸爸：不！（深呼气，当他凝视女儿时，脸上带着困惑的表情）我没有赢，苏。我不知说什么才好。我暗示你的自私伤到了你。我已经不是你需要我成为的那个爸爸了。我很抱歉。你伤了我，我反过来伤了你。那不是一位父亲对待自己女儿的方式。

苏：我怎么伤你了？

爸爸：你是对的，苏！让我说得更清楚一些。当你说我自私时，我觉得受到了伤害。你坦诚告诉我你现在对我的看法。我觉得你伤害了我，而没有认为你只是在告诉我对我的看法而已。所以我就想反过来伤害你。我觉得我确实伤害了你。我为此感到抱歉。

苏：如果你不那么认为，那你为什么那么说？

爸爸：我觉得是因为我已经非常努力地去做一名好爸爸了。在你说我自私的时候，我感觉我没能成为一名好爸爸。我让你失望了。这种感觉非常让人痛苦。所以我因为你说的话而对你生气，而且我表达生气的方式就是设法反过来伤害你。

**苏**：那我可要多谢你了！

**爸爸**：这就是为什么我感到很抱歉，苏。我对试图伤害你感到抱歉。我的确伤害了你。我有那么一刻忘了我是你的爸爸，我很抱歉……你现在伤害我，是因为我不允许你考驾照……你试图让我知道这对你有多重要，你希望我能改变想法。

**苏**：的确很重要，爸爸！真的很重要！你会改变主意吗？

**爸爸**：不，我不会，宝贝，我不会改变主意。但是我们能就刚才发生的事情再多讨论一会吗？

**苏**：你还有什么要说的？

**爸爸**：我想要知道，在我暗示你自私后，你有什么感受。

**苏**：你确定你不是那个意思？

**爸爸**：不，我不是那个意思。我知道你为你的朋友，你的弟弟，和整个家做了很多事。你为其他人付出了那么多。不，我并不认为你自私。

**苏**：噢。

**爸爸**：我觉得你现在对我的看法给我带来很大影响。我觉得你在生我的气，并且你现在觉得我自私有部分原因是你在生气。但是我并不认为你是自私的。

**苏**：好的，爸爸，我没事。

**爸爸**：那么帮我弄明白你为什么说我自私。你是说，你认为我对驾照的决定是把我自己放在了第一位，而没有考虑过你吗？

**苏**：嗯，对我来说好像是那样，爸爸。好像你并不在乎这对我有多重要，也不在乎你不让我考驾照会让我有多痛苦。

**爸爸**：好的，我觉得我现在更明白了。对你来说我似乎是自私的，因为你感觉我并不在乎你的失望……不在乎你是那么想要拿到驾照。但现在我还是不会让你去考驾照。

苏：是的，你以为我会很快忘了这件事，五分钟之后我的情绪就会好起来。或者你想要那么认为，这样你就不必考虑对我来说这有多困扰。

爸爸：所以你觉得我让你失望了。觉得你对我没那么重要。

苏：我知道我对你很重要，爸爸。但是当我告诉你某些事情对我真的很重要时，你好像并没有听进去。

爸爸：我为什么没有听进去？

苏：我不知道。你不在乎？你自私？你不在意我？

爸爸：所以无论你觉得是什么原因，都会伤害你，因为这说明我对你不够重视，或者说是我们之间的关系出现了问题，我们之间没有你以前想的那么亲密。

苏：我猜是这样的。

爸爸：如果你是这样认为的，我感到抱歉。没有让你考驾照只是你如此难过的一部分原因。你也对我们的关系，或者我这个人没了信心。

苏：没有那么严重，爸爸。

爸爸：没有吗？

苏：没有。只是我真的想要驾照，而你却说不行。我朝你发火，从而伤害了你，因为我觉得你在伤害我。

爸爸：你觉得是那样的吗？因为我说了"不行"伤害了你，所以你说我自私来伤害我，然后我说你自私再伤害你。

苏：是的，我想是这样的，抱歉我伤到了你。抱歉我说你自私。你并不真的自私。你是一个好爸爸。

爸爸：是什么改变了你的想法呢？

苏：我没有改变我的想法。我一直认为你是好爸爸。我只是生气了。

爸爸：谢谢你告诉我这个，宝贝。

苏：不用谢，爸爸。现在我能考驾照了吗？

爸爸：如果我说可以，那么我并不觉得我表现得像个好爸爸。

苏：是的，你会做个好爸爸的！（笑声）好吧，好吧。我会把精力放在学习上。

# 第八章 反思

孩子们天生就能随时对周围世界产生强烈的兴趣，无论是内部世界还是外在世界。当他们感到安全的时候，他们会被父母及其他人所感兴趣的世界强烈地吸引，并以此为依据，构建属于他们自己的独特世界。

父母的世界包括心理世界、文化世界以及物质世界。最容易让孩子产生兴趣的是父母对物质世界的主观体验——他们如何从心理和文化方面来构建对物质世界的认识。这种体验使孩子们能够理解成人的行为。孩子通过感受父母对这个世界的体验来了解这个世界。他在家庭群体的心理和文化世界中的探索和体验，将在很大程度上决定他在未来对生活的满意度和各种能力的发展程度。

为了能更好地探索世界与了解主观体验，孩子必须发展觉察自己和他人主观体验的能力，他必须能够了解自己的情感状态，注意这些情感的起起伏伏，并能够对情感进行调节。他必须能描述自己的看法，并注意到是否与他人有所不同。他必须能知道自己对某件事的想法。他必须知道自己打算做什么，并能察觉到他人的意图。他既要了解自己的内心世界，又要能和他人交流自己的看法。他还要能很好地猜测他人的内心世界。在整个过程中，他对外界本身的觉察能力也越来越强。他在发展自己的反思能力，这种能力对孩子的个人发展至关重要。

孩子的行为只是冰山一角。他积极地去了解和适应他的世界。他对世界的反应既有融合也有差异。他在与各种特征的环境进行互动的过程中表现出了灵活性——既不死板也不混乱，这些特征对于其他事物既有特殊性也有普遍性。他的行为是他内心世界相应活动的表现，这些行为对世界产生影响，并进一步促进他内心世界的发展。

没有反思能力，孩子就会以一种冲动的方式对世界做出反应。因为他的情感和认知能力缺乏组织、融合和调节，所以他对很多情况通常都以重复或不可预知的方式进行回应，而不是探索并发现针对特定情况的最佳回应方式，因此他的行为对于问题的处理常常是无效的。由于没有反思，他通常不会从失败中学习，因此很有可能会不断重复不恰当的回应方式。

通过外部奖励或惩罚来解决行为问题时，通常不考虑孩子的内心世界是否有足够的条理性和系统性以产生适应性行为。仅仅着眼于形成适应性行为，而不是去建立稳固的内心世界，也许会对短期问题有效，但却无法使孩子获得应对未来各种挑战和困难的有效技能。

为了促进孩子反思能力的发展，父母需要使孩子的生活具有丰富的情绪体验和反思体验。这需要一种反思性生活模式，而不是试图教会孩子某种特定的认知能力。孩子对自己和他人内心世界的觉察能力主要是通过他们与父母和他人的主体间性体验得到的。如果他看到父母对他的内心世界持消极态度，他也会消极地对待自己的这些品质，并且不愿再进一步探索自己内心的那部分区域。如果他的父母对他的内心世界没什么兴趣，他也会对自己的内心世界不感兴趣。当他的父母对探索和了解他的内心世界表现出兴趣时,他就会有同样开放和好奇的态度。更重要的是,他会发现这个过程并非一成不变。父母将为他提供一个过程和一种工作模式,鼓励他不断地探索、组织和重新组织,从而对自己和他人的认识更具有灵活性。在 Myla 和 Jon Kabat-Zinn（1997）写的一本有趣的书里,清楚地描述了父母的反思技巧对孩子反思能力的影响。

## 培养反思能力

父母可以通过以下几种主要方式为孩子反思能力的提升提供最好的帮助。

### 自我反思

当父母能够表现出对自己的内心世界主动关注时,孩子会觉察到,从而也能同样表现出对自己的内心世界的关注。当父母的行为与内心世界一致时,孩子的行为也会如此。

例如,七岁的彼得和他的父亲开车经过一个小镇时,一辆汽车从小巷驶入大道,他的父亲不得不减速。

**爸爸**：这个混蛋！

**彼得**：怎么了,爸爸？

**爸爸**：噢,我只是对那个司机很生气,因为他把车突然驶出来。他应该先等我过去。

**彼得**：他为什么要那样做？

**爸爸**：我不知道。

**彼得：** 你说他是个混蛋。他是吗？

**爸爸：** 噢，我不知道，彼得。也许他在想其他事情，也许他以为我不会开得那么快。我不该对他生气的，又没有发生事故的危险。他可能出于某种原因而比较着急，或许是有重要的事。

**彼得：** 爸爸，那你为什么说他是混蛋？

**爸爸：** 好问题。我也不是很清楚。我想这可能是个坏习惯。

**彼得：** 有时候你说我应该培养做事的习惯。你是否形成对其他司机发火的习惯了？

**爸爸：** 嗯，彼得，你提醒了我。实际上，我父亲经常对其他司机很恼火，即使他们什么都没做。我想我是因为经常看到他那么做而形成了这个习惯。我从来没有仔细想过这件事，我才发现自己开车的时候很像他。

**彼得：** 爸爸，你认为我会受你影响而形成同样的习惯吗？

**爸爸：** 我希望不会。那会降低驾驶乐趣。我不用对其他司机发火也可以成为一个安全的司机。我会努力改掉这个坏习惯，这样你就不会因为我而形成这个习惯，就像我受我父亲影响一样。

**彼得：** 好的，爸爸。需要帮忙吗？

**爸爸：** 你刚刚帮了我大忙，彼得。正是你的提醒促使我对这件事进行思考。

### 沟通清晰

当父母用言语和非言语方式表达他们的意图，以及相关的想法和感受时，孩子会对父母行为的含义有更清晰的理解。如果父母无法清楚地表达自己的想法、感受和意图，孩子就会感到焦虑而不是好奇。由于焦虑，孩子会缺少安全感，会更关注安全问题而不是去进一步探索。

例如：11岁的玛迪，有点无聊，于是就去找她的妈妈，看她是否有兴趣一起玩游戏。她看到妈妈正在书桌前用计算器进行计算。

玛迪：妈妈，咱们玩"智多星"吧？今天做好输的准备了吗？

妈妈：现在不行。或许等一会儿可以。

玛迪：哦，妈妈，过一会儿朱迪就练习完回家了，而我也有其他事情要做。

妈妈：现在不行，玛迪。我说了，等一会儿！

玛迪：可是过一会儿朱迪就回来了！

妈妈：够了！现在别烦我！

玛迪：哼！（带着恼怒和困惑，她转身离开房间。）

妈妈：（表现出一脸困惑，就好像刚刚意识到她和女儿之间发生了什么事情。）玛迪，请回来一下！

玛迪：我明白你的意思！你很忙！

妈妈：我是忙，但这不是我想说的。

玛迪：那你想说什么？

妈妈：我想让你知道我很抱歉，刚才对你大吼大叫。你只是想和我待一会儿，但是，我对待你的态度就好像你犯了多大的错。我很抱歉。

玛迪：没关系，妈妈。

妈妈：我不喜欢自己刚才对待你的态度。我有点担心我的支票簿会不平衡，这意味着我的钱并没有我想的那么多。没什么大不了，只是让我心烦而已。我却把火气发泄到了你的身上。

玛迪：那么刚才我并不是让人很讨厌？

妈妈：不是的，亲爱的，你是我的好女儿，你只想和不开心的妈妈做些有趣的事，而我却对你发脾气！

玛迪：我仍然想和你做点什么，你愿意吗？

妈妈：我觉得这是个好主意。刚好我也可以休息一下，暂时忘掉这些数字。

## 不加评判

不按个人观点或标准进行评判的父母在理解孩子的同时，并不需要孩子按照某种特定的方式进行思考或感受。这样，就能够发现孩子内心世界的独特之处。而孩子也更能以同样的方式去觉察和反思自己。

举个例子，八岁的吉米看到他的妈妈在忙着收拾一大堆杂物，于是他暂停电子游戏去帮助她。

妈妈：谢谢你，吉米。我很难一下子提起三个袋子。

吉姆：我知道，妈妈。

妈妈：我觉得你想帮助我。

吉姆：是的。

妈妈：为什么呢？上个月的时候，我还觉得这种情况下你会一直玩你的游戏。

吉姆：我不知道。

妈妈：而且，我也没有向你求助。这可能是你第一次在我没有要你帮忙的时候你就主动过来帮助我。

吉姆：我猜是的。

妈妈：这是为什么呢？等等，难道是……为什么呢，吉米，我觉得这说明你长大了。你长大了。我认为这可能就是原因。你觉得呢？

吉姆：是的妈妈，我长大了，我现在都八岁了。

妈妈：是的，八岁了。个子越来越高，身体也越来越强壮。我想就是这个原因！

## 区分行为与内心世界

父母应该把孩子的行为和他的内心世界区分开来。在确定孩子某种行为是应该被鼓励还是被限制时，父母最好能表现出接纳、好奇和共情的态度，而不是加以评判。孩子需要通过自由地去觉察自己的想法、感受和意图，来发展自己反思能力。他的内心世界应该没有任何的限制。

玛丽，一名高三学生，最近和数学老师之间产生了矛盾。有件事她认为不公平，所以朝数学老师大喊大叫。因此在本周剩下的几天里，放学后她被留校了。下面是她回家后和妈妈的对话。

妈妈：嘿，亲爱的，关于詹森先生，到底是怎么回事？

玛丽：我真的不喜欢他，妈妈。我觉得他就是个大混蛋。

妈妈：这就是你为什么对他大吼大叫的原因？你到底说了什么？

玛丽：我说他是个大混蛋！

妈妈：啊！我明白你为什么有麻烦了。

玛丽：但他确实是个大混蛋！

妈妈：亲爱的，你如何看待他是你的事，也是你的权利。但是当你用骂人的方式告诉他你对他的看法时，你就会惹麻烦。

玛丽：即使我说的是真的！

妈妈：是的，亲爱的，即使你说的是真的也不行。

玛丽：你总是说你不会批评我的想法。

**妈妈**：是的，我说过，现在还是这么说。你的问题在于如何表达你的想法。你的想法没有问题。

**玛丽**：但他表现得确实像个混蛋。

**妈妈**：如果你告诉他，你认为他做的某件事情不公平，你想和他谈谈，我想你现在就不会有麻烦了。你通过他做的事，得出了他是个混蛋的结论，然后还告诉了他，这就是问题所在。骂人是没有用的。它不能解决问题，反而使对方变得抵触和愤怒。我猜如果有人叫你混蛋，你也会生气的。这不会让你想着帮助解决另一个人所认为的在你们之间存在的问题。

**玛丽**：但我不是一个混蛋！

**妈妈**：我也不认为你是，亲爱的。我相信詹森先生也不认为他自己是个混蛋。

**玛丽**：但他就是混蛋。

**妈妈**：我想，如果你下次这么认为时你还告诉他，你就犯大错了。当你想要这么做时，可以只是想一想，但不要说出来。

**玛丽**：好吧，我明白了你的意思。

**妈妈**：在那种情况下，如果是我，我会换种做法。因为他做了你不赞成的事，所以你认为他是个混蛋。你可以再思考一下你这个想法。尽管你有权这么想，但这个想法可能会让你更难与他商量去解决这个问题。

**玛丽**：我怎么改变我的想法？想法就是想法。

**妈妈**：你说得没错。你可以不要那么快得出"他是个混蛋"结论。可能还有其他原因。你可以考虑只是告诉他你认为他的做法是不公平的，然后在评判他之前，先以开放的心态了解他的理由。

玛丽：我想你是对的。有点像你和我的相处方式。

妈妈：是的，有点像。谢谢你这么想。

### 接纳差异

当父母和孩子都能了解并接纳彼此内心世界的差异时，他们是最有安全感的，他们的内心世界才会得以充分发展。如果父母认为差异是可以接纳的，代表着孩子能够进行正常的个性化发展，这也就会促进孩子反思能力的发展。

16 岁的凯茜告诉她的父亲，她想加入她的好朋友安妮所在的那个教会。安妮和她的家人一直都非常积极地参加教会活动。

爸爸：那么，你是想加入安妮的教会。为什么有这种想法呢？

凯茜：我去过几次，非常喜欢。他们非常积极地为需要帮助的人做事情。几乎每个人都会帮忙。他们真的就像在教会中教导别人的那样去生活。

爸爸：我想我们也是这么做的，亲爱的。也许你已经习惯了我们所做的事情，你已经习以为常了。

凯茜：但是他们真的比我们的教会做得更多。

爸爸：我觉得教会不仅仅是帮助别人，凯茜。帮助别人有很多方式。教会也是关于你对上帝的信仰和上帝需要我们所付出的东西。

凯茜：安妮的教会认为我们所有人都应该把所有收入的 10% 交给教会。我知道你和妈妈没有把你们收入的 10% 给你们的教会。

爸爸：是的，我们没有。我们的教会并没有设定这样的最低限度。我们相信每个人都应该遵从自己的内心去决定应该给上帝和教会付出什么。

凯茜：那样有些人就会不给，这对于那些给的人来说是不公平的，这不是上帝想要的。

爸爸：你怎么知道那就是上帝想要的？

凯茜：我不知道，爸爸。我只是这么认为。我认为安妮的教会这样做是对的。

爸爸：我想我们在这个问题上意见不一致。但我很高兴你在思考这些事情，因为它们对指导你的生活的确非常重要，你将成为一个成年人，这意味着你必须经常在对与错之间进行选择。如果你想按照你认为对的方式做事，我支持你。星期天我会在我们的教会里想你的，但我支持你。

凯茜：谢谢你，爸爸。我就知道你会支持我的。

大约六个月后，凯茜回到她父母的教会。她的信仰比她离开时更加强烈。

## 反思优点和弱点

当孩子的行为是父母所反对的，如果父母对行为相关的动机、想法和感受进行负面评价，孩子就很可能会对自己产生负面的看法。他会认为他自己的动机是消极的。他经常相信自己确实具有父母所说的那些消极动机。父母经常把孩子行为错误地归因于以下的动机：

- 他就是想逃脱处罚。
- 他就是想让我生气。
- 他不在乎这对我有什么影响。

- 他只是想引起关注。
- 他觉得自己什么都知道。
- 他没有尝试。
- 他很自私。
- 他在偷懒。
- 他在弄虚作假。
- 他只是想让别人替他做这件事。
- 他嫉妒他的兄弟。
- 他害怕面对后果。
- 他认为自己比别人强。
- 他对于我不让他做他想做的事很生气。
- 他想要不劳而获。
- 他认为自己不必遵守诺言。
- 他认为我不记得他在做什么。

即使父母确实发现就是上述的某个动机，也不能就此止步。如果能够更进一步挖掘动机背后的深层动机，就很可能会发现某种反映出孩子的优势或弱点的动机，而父母则可以对此给予支持和表达共情。假如父母发现孩子似乎没有尝试做某件事，可以再问一次为什么。父母就可能发现孩子为了避免失败的痛苦而故意不去尝试。如果孩子没有其他方法来减轻失败的痛苦，那么父母也会很容易把孩子的不尝试视为一种优点。又或者，他的不努力可能反映了他潜在的沮丧和绝望。这时父母将会把孩子的不努力视为一种内心易感性的表现，并很容易对其产生共情。

有一点很重要，希望大家一定要记住：当父母发觉孩子的动机时，他们很可能会使这个动机变得更加突出，甚至这个动机在父母自认为察觉之前并不存在，而是被他们创造出来的。如果父母想猜测孩子的动机，最好是多找一些比较积极的动机，因为这样做，这些积极的动机出现的可能性就会增加。也可以找一些能反应孩子的优点或弱点的动机。前一种情况下，父母是在促进这些内在优点的发展，而在后一种情况中，父母则通过共情来帮助孩子应对这些弱点。

在很多情况下，尽管父母不赞成孩子的某些行为，但孩子的行为动机却是积极的。如果父母有耐心，并且没有将孩子的想法先入为主地判定为消极动机，就可能会发现，尽管自己不同意孩子选择处理这种情况的方式，但却赞成他的动机。以下是父母在孩子出现不当行为时察觉到的一些可能的优点或积极的动机：

- 你看上去真的想要帮助你的兄弟。
- 你在面对这个问题时表现出了极大的诚实。
- 把那件事告诉我需要很大的勇气。
- 我钦佩你没有放弃那件事。
- 你真的是想要把它做得很好。
- 我看得出你对它很感兴趣。
- 你的朋友对你很重要。
- 在对我生气时还能控制住自己的愤怒，你做得很好。
- 我欣赏刚刚你在惹恼了哥哥之后为哥哥做的事。
- 当你弄伤那条小狗狗时，我看得出你非常不安。

有时候孩子出现不当行为，或是因为他对某件事内心有强烈抵触，或是由于诸多原因很难去选择另一种行为。还有可能是他处在弱势地位，若非如此，另一种情况下他肯定不会选择这种行为。当父母将问题的存在视为孩子潜在脆弱性的反映时，孩子就更有可能承认并解决问题。当有人认为某件与我们有关的事情有问题的时候,我们要么会生气,要么会变得抵触。由于问题往往被认为是缺陷、错误或不足的表现,我们往往会因此而感到羞愧。无论怎样,脆弱性是生活中很正常的一部分,尤其是当我们在那些情况下有人可以依靠时。

下面的陈述表达了父母在孩子不当行为背后所觉察到的孩子的脆弱性:

- 当你不被允许那样做的时候,你一定很难过。
- 你似乎很担心他不喜欢你。
- 当你做错事的时候,你对自己真的很苛刻。
- 你似乎对发生的事情感到困惑。
- 最近对你来说,似乎做什么都是错的。
- 当你如此努力却没有成功时,这是多么令人失望。
- 用恰当的词语来描述真是太难了。
- 有时你会感到很沮丧,这似乎破坏了你一天的心情。
- 似乎很难放轻松,也无法相信事情早晚会得到解决。
- 你看起来很沮丧。我为你感到难过,因为你是那么想要它。
- 你似乎担心我会因为你犯了错误而不理你。
- 当我对你之前所做的事情感到生气时,你似乎担心我不再关心你了。
- 你现在看起来很孤独,因为你所希望的事情都没有实现。

当父母在孩子行为不当时,能够发现孩子行为背后的优点或脆弱性,那么孩子就更有可能接受父母的看法并约束自己的行为。在那些情况下,父母批评的是孩子的行为而不是孩子本身。孩子本身以及亲子关系都受到了保护,不受冲突和负面评价的影响。孩子更能够面对他的不当行为,因为他不必为自己的动机、想法和感受辩护。他也可能对自己这种行为的根本原因感到好奇。当他理解了导致其行为的内心想法、感受、认知和意图时，他就能够在未来探索其他替代性行为。此外，因为他能够区分自己的内心世界和外在行为，所以在适当的时候，他更能感受到自责，而不是羞愧。

**聚焦依恋关系的对话**

九岁的内森没有帮助他六岁的弟弟埃德把自行车从车库里拿出来就自己骑车走了，父亲为此批评了他，于是内森不肯过来吃晚餐。妈妈直到爸爸告诉她内森不肯来吃晚饭时才知道了这件事。

**妈妈**：发生什么事了？

**爸爸**：他在房间里噘嘴生气呢。他不帮埃德把自行车从车库里拿出来，就自顾自地骑着车走了，我因此对他发火了。

**妈妈**：你对他说了什么？

**爸爸**：我只是说，既然他不按我的要求做，他就不能再骑车了。

**妈妈**：他说了什么？

**爸爸**：他说我不公平，因为他试着帮埃德把自行车弄出来，但他没成功。

**妈妈**：然后你说什么了？

**爸爸**：如果那是真的，他应该来告诉我，而不是直接骑车离开。

**妈妈**：他怎么说？

**爸爸**：他说"我叫埃德去告诉你"，这是他不愿为自己行为承担责任的方式。他这是在逃避惩罚。

妈妈：你跟他那样说了。

爸爸：是的，我说他只想按照自己的意愿行事，当做错了事的时候，他需要面对。

妈妈：我为什么不上楼跟他谈谈呢？（她离开了厨房）

妈妈：（敲了敲儿子的卧室门，然后进门）嗨，内森，我听说你和爸爸发生了冲突。你还好吗？

内森：他从来不相信我！

妈妈：啊！听起来你感觉不是很好。在你看来，你爸爸不相信你所说的话。

内森：他不相信！他就是觉得我很懒，只做我想做的事！他认为我总是很自私！

妈妈：哦，内森，难怪你很难过。如果你觉得你父亲认为你是懒惰和自私的，你肯定会很难过。难怪你对于你们俩之间所发生的事情会感到这么伤心。

内森：他不喜欢我，妈妈！他不喜欢我！

妈妈：哦，内森，你认为你爸爸根本不喜欢你！

内森：他不喜欢我，妈妈。（泪流满面）

妈妈：是什么让你如此确定？

内森：他说我没有按照他说的做，因为我很懒而且很自私！

妈妈：他用了那些字眼了吗，内森懒惰和自私？

内森：没有，妈妈，他说我只想着逃脱惩罚，但那跟懒惰和自私是一个意思。那就是他想说的。

妈妈：如你所说，你爸爸犯了个错误，他没搞清楚，为什么你没告诉他你无法帮埃德把自行车弄出车库的原因。你认为是什么原因呢，内森？

内森：我不知道。但我并不懒！

妈妈：我听明白了，我也不相信你很懒。我不太确定你爸爸说你想要逃脱惩罚就是说你很懒的意思。但是，我仍然很好奇为什么你没有告诉他你办不到呢？

内森：我让埃德去告诉他！

妈妈：因为？

内森：我不知道！

妈妈：如果埃德告诉了你爸爸，你想会发生什么？

内森：他会来到外面把埃德的自行车从车库里拿出来。

妈妈：那你认为接着会发生什么呢？

内森：我不知道。

妈妈：你认为他会对你说什么吗？

内森：（突然看起来很伤心，又哭了起来）我本想他会看到我在骑着车，我会大喊着，在车道上做了一个新花样，我一直在练这个。

妈妈：啊！你希望他能看到你的自行车骑得有多棒。

内森：他从不看我骑自行车！他都不知道我骑得有多好。

妈妈：你特别希望你爸爸能为你现在的骑车技术感到自豪。

内森：是啊，我只是想听他跟我说，现在我的自行车骑得真好。

妈妈：然而事与愿违，你爸爸似乎对你很失望，因为你没有按照他说的做。不但没有为你骄傲，反而对你失望！哦，我的天，内森。怪不得你这么难过。你希望和爸爸能更亲近一些，而你俩似乎关系更疏远了。

内森：妈妈，为什么会这样呢？我做错了什么？

妈妈：你觉得呢？

内森：没亲自告诉爸爸我无法帮埃德把自行车拿出来。

妈妈：是啊，我认为那可能有帮助。或许爸爸也可以采取不同的处理方式。

也许他应该问你为什么不亲自告诉他,而不是认为你是想逃脱惩罚。也许,如果他知道你希望他能来到外面,看到你骑车的新花样,他就会理解你的行为,也不会因为你让埃德告诉他而生气了。

**内森**:你这么认为吗,妈妈?

**妈妈**:我不确定,内森。但是我知道爸爸很爱你。你让埃德告诉爸爸的原因不但我能理解,你爸爸也能理解。我想,如果我们告诉他我们刚刚弄清楚的事情真相,他会很想了解的,而且他会感到抱歉,因为你觉得他认为你很懒惰和自私。我想他会想和你谈谈,内森,然后解决这个问题,并且会像以前一样和你亲近。

**内森**:你是这么认为吗,妈妈?

**妈妈**:是的,我是这么认为的。在你们俩吃饭前,我可以让他上来和你谈一谈吗?

**内森**:好的。

**妈妈**:好的。也许在天黑之前,我们俩都有时间看你的新自行车花样表演。

**妈妈**:(离开内森的房间,回到厨房。)亲爱的,你能去和内森再谈一下吗?晚饭可以晚点儿吃。

**爸爸**:当然可以。怎么样了?

**妈妈**:嗯,我想他现在很担心你对他的看法。

**爸爸**:嗯,我很难过,他没有照我说的做,也没有去面对问题。

**妈妈**:你知道他为什么不照你说的做吗?

**爸爸**:他就是选择了一种简单的方式,这样他就可以骑着他的自行车而不用管埃德了。

**妈妈**:这是一个合理的猜测,但我想你当时或许应该听听他怎么说,为什么他让埃德告诉你,而不是他亲自告诉你。

**爸爸**：那重要吗？

**妈妈**：我觉得这很重要。我想如果你能了解他为什么那样做，会让他觉得尽管你不同意他处理问题的方式，但你不会不喜欢他。

**爸爸**：不喜欢他？

**妈妈**：是的，亲爱的。当你猜测原因的时候，你猜测的动机是他想骑着他的自行车而不用管他的弟弟，但其实你并不知道那是否是他真正的动机。我们聊了一会儿，他告诉我他还有另一个动机，那个动机一点都不自私。我想，如果你知道那是什么，你就不会因为他没有告诉你关于埃德自行车的事而这么生气了。

**爸爸**：所以我搞砸了？

**妈妈**：嗯，就像我有时也会搞砸，然后你帮我摆脱困境一样。我认为你在没有和他确认的情况下就断定了他的动机，你的猜测使你对他的行为更加不满。所以如果你只是好奇他的动机，我想你们两个会解决好这件事的。

**爸爸**：我们以前也这么做过，不是吗？

**妈妈**：我们怎么能猜测孩子的动机呢？是的，有好多次，对我们俩来说都是如此。我们不要对自己太苛刻。在我印象中，我的父母每次猜测我做事原因的时候都会很生气。所以我们比他们做得好。当我们犯了错误而又能改正时，我认为内森会原谅我们，他会知道我们真的爱他，而不是去评判他。我们在不断成长，虽然有点慢。

**爸爸**：好的。我去了。别让饭菜凉了。

# 第九章

## 关系修复

再健康的关系中也会存在冲突,也会在某一段时间存在着分离和误解,以及对现在如何安排时间存在着不同的关注和重点。对于亲子关系而言,健康的关系还会涉及管教。

父母肯定不可能总是陪在孩子身边,对他们的需求总是很敏感并及时做出回应。相反,他们还常常会误解婴儿对需求的表达。父母经常还会有其他事务,当他们对婴儿的需求延迟回应或没有回应时,婴儿就会感到沮丧,甚至痛苦。有时,当父母没有及时回应婴儿的需求时,他们会认为婴儿偶尔体验一下挫折感并不会感到痛苦,甚至还会从中受益。在所有这些状况中,只要父母能在分离、误解、延迟回应或没有回应后,持续地修复关系,那么婴儿的安全依恋就依然能顺利发展。当父母再次回到婴儿身边,对他的需求依然敏感,并且能及时回应。父母通过与婴儿的情绪一致来表达对婴儿痛苦的了解,并去安慰他。婴儿知道,尽管有分离或分歧,他们和父母的关系并不会改变,所以亲子关系其实还会加深。孩子也知道,父母不一定总能回应他的愿望,但一定能回应他的需求。在依恋关系中，关系的修复是建立安全感的关键和核心部分。

不管是亲子间、伴侣间、好朋友间还是家庭成员之间的关系，如果不对其进行持续地修复，那么，这样的关系就会要么结束，要么变得疏远而脆弱。一方将不再把另一方当作是依恋的对象。或者一方会有选择性地在某些方面依恋另一方，而对于在过去没有得到有效回应或修复的那些方面，就不再依恋。

## 促进关系修复

把个人的愿望和利益与家庭其他成员的整体利益相平衡，是每个家庭都要面对的现实。如果要求每个家庭成员的内心世界都没有自己的独特性，那整个家庭就会像一个纪律严明的蜂群。如果没有家庭的共同利益和愿景，每个家庭成员都将是孤单的，只关注他自己的利益。由于缺乏共同的情感、意识和愿景（主体间性），家庭成员很可能是孤独的个体。如果家庭中没有了冲突、分离、误解和管教，以及由此产生的必要的修复，家庭成员将缺乏个性。

许多家庭面临的一个问题是，在家庭成员关系破裂后，他们不知道该做些什么。在缺乏安全感的依恋关系中，关系破裂往往会激发强烈的情绪并导致难以控制。因为意识到这一点，所以许多父母和孩子倾向于避免可能出现的破裂，比如尝试着忽视、妥协或纵容。当家庭内部出现关系破裂，或家庭成员不能坦然面对时，通常会产生两种反应。第一，关系破裂会导致产生强烈的愤怒、恐惧、悲伤或羞愧等情绪。这些情绪状态中的任何一种都会加剧最初的关系破裂，并可能导致关系进一步疏远，从而使关系更难以修复。第二，孩子可能会逃避或不愿意在情感上进行回应，使关系破裂显得并不重要。这种短期的回避消极情绪状态的方法会使亲子关系变得不那么亲密，不那么有意义。如果孩子声称对关系破裂无所谓，也许说明关系本身对他们来说也不是那么重要了。

**分离造成的关系破裂**

在整个童年时期，孩子总会和父母有多次分离，这种分离可能是几分钟、几小时、几天甚至几周、几个月或几年。这些分离可能会给孩子造成不同程度的痛苦。孩子越小的时候，即使比较短暂的分离也会让他们感到痛苦。作为父母，要铭记的一点是：对于某个特定年龄段的孩子来说，并没有一个他们在客观上可以承受的、合适的痛苦程度一说。父母没有任何理由因为孩子表现得"像个婴儿"（幼稚，不让父母离开）而用嘲笑、愤怒或冷漠来回应自己的孩子。同时，当孩子表现出非常痛苦时，父母也不必做出定论，觉得分离对孩子来说太难以应对，必须停止（分离）。

孩子的痛苦需要被真实地接纳。他是在告诉父母这种分离使他感到焦虑和难过。他是在表达自己对分离的主观感受。如果此时父母向孩子解释他不应该感到痛苦，并不会减少孩子的痛苦；对孩子生气或嘲笑，要么会加剧孩子的痛苦，要么会让他把痛苦隐藏起来。这些回应都不会缓解孩子对痛苦的体验。

试图消除孩子的痛苦很可能反而会增加孩子的痛苦。然而，如果父母采取相反的方法，试图通过避免分离来消除痛苦，可能也会加剧孩子的痛苦。当父母试图避免孩子在分离中体会到任何痛苦时，他们其实是在告诉孩子他无法应对痛苦。他们在告诉孩子，痛苦是不好的，应该不惜一切代价避免痛苦。当父母这么做的时候,是在表示对孩子缺乏信心。因为孩子缺乏自信,所以父母也同样对孩子缺乏信心。父母的反应表明,孩子没有足够的情感能力去应对分离所带来的痛苦。

在接纳孩子的痛苦时,父母最好设法去更好地理解他的痛苦。父母要用一种不带评判的好奇的态度,明确地表达出自己的意图,以使孩子更细致地描述他的痛苦。当孩子开始表达痛苦时,父母的共情将会使他感到支持和安慰,他不会感觉孤单。即使分离没有办法改变,孩子也会感受没那么孤单了。他的父母虽然不能陪在他身边,但他们的心却联结得更紧密了。由于父母的分担,孩子的痛苦也会减少。

正是这种不带评判的态度使孩子能够在一次又一次的因为分离造成的关系破裂中应对痛苦,变得坚强。父母既不否认孩子的痛苦,也不会让他彻底摆脱痛苦。父母会接纳孩子的痛苦,通过共情和孩子共同体验,从而帮助他控制并减少痛苦。同时,父母理解分离对孩子来说是困难的,他们不会置之不理。父母会设法帮助孩子更好地应对这种痛苦,而不是直接让孩子摆脱痛苦。

父母仍然需要认识到,频繁地分离会影响孩子的安全感。如果经常经历不必要的分离,可能会让孩子认为"在一起"对他的父母来说并不那么重要。他们似乎有更重要的事情要做。因为对于孩子来说,和父母在一起是非常重要的,但他没有从父母那里感受到同样的意愿,他可能就会觉得困惑。他可能会认为他在某些方面让他的父母失望了,因为他对他们来说并不特别。

为了减少孩子的担忧,父母最好能告诉孩子他们为什么要分离。如果可能,他们同样希望能减少分离。父母们也一定要让孩子知道,对于无法像他们期望的那样长时间陪伴孩子,他们也会觉得很难过。

在现代生活中,父母双方都有家庭之外的工作,并承担了各种其他的责任，需要他们离开一段时间。同时父母由于自身需要，还要做一些自己感兴趣的事和需要一些二人独处的时间，很多日常的分离常常被忽视。孩子的痛苦也可能被忽视，最终孩子不再表现出痛苦。这并不表示他们感受到安全从而接受分离。相反，这可能意味着孩子是无奈接受分离这个事实，孩子有可能会为了减少父母缺席的情况，而做出一些不当的行为。孩子也可能会过度依赖自我或同伴，这表明对他来说，父母并不像自己原来需要的，或者像父母期望的那么重要。这就使孩子在青少年时期更想要独立，并引发许多亲子冲突。

以下是帮助孩子应对和依恋对象分离的方法：

1. 根据孩子的理解能力，提供关于分离情况的具体信息，包括离开多久，离开原因，以及父母会去哪里。

2. 对孩子任何关于分离的情绪表达都给以接纳，用一致的情绪、共情和好奇心去鼓励他们进行情绪表达。

3. 明确地指出分离将何时结束，不管是几个小时（可以定个闹钟来表示结束时间，或者明确地告诉孩子分离将在某个日常活动之后结束）或几天、几周（在日历上标出在哪一周哪一天结束分离，或与某个提前计划好的活动有关）。

4. 给孩子提供定期的、可预期的电话问候，交流彼此所做的事情，从而让孩子能明显地感受到亲子关系对父母的重要性。

5. 给孩子一些关于父母的回忆，陪伴他度过分离的这段时间。这些回忆可能是某个具体的东西，也可能是留存在记忆中的某个共同的兴趣。

6. 父母借给孩子一些自己的物件，让这些物件陪在孩子身边，直到父母回来。同样，孩子也借给父母一些自己的物件。

7. 提前计划一个双方都感兴趣的活动，在重要的时候一起进行。

8. 找一件有父母味道的衣服，伴着孩子入睡。

9. 父母应该告诉孩子，他们非常想念孩子，就像孩子也非常想念他们一样。告诉孩子，父母也许不得不和他分开，但因为亲子关系这份牵挂，所以父母会觉得很难过。

10. 父母要让孩子清楚地知道，他们会想办法尽可能地减少分离持续的时间或频率。

六岁的比利在过去的一周里常常因为生气而大哭，并难以入睡，这似乎是因为他的父亲在过去的一个月里每周都有3~4个晚上不回家吃饭。最近，比利的父亲在工作上出现了很多状况，并且有时晚上还需要去临时照看一下比利的奶奶。

**爸爸**：比利，你最近似乎很不开心。你觉得是因为什么呢？

**比利**：我不知道。

**爸爸**：你不知道吗？想想看？

**比利**：没有什么。

**爸爸**：我在想也许……是因为我晚上经常不在家。我们不能经常一起吃晚饭，我也不能哄你睡觉。

**比利**：是的，这些你都没有做。为什么呢？

**爸爸**：问得好，比利。我不在家，你想知道是为什么吗？

**比利**：对啊，你为什么不回家了呢？

**爸爸**：有时候我得在公司工作到很晚，有时我还得去奶奶家，照顾她一会儿。我也希望能回家陪你。

**比利**：你为什么必须这么做呢？

**爸爸**：嗯，这个月有很多额外的工作，以前晚上帮助照顾奶奶的阿姨这个月一直在佛罗里达，奶奶因此需要我的一些帮助。

**比利**：为什么？

爸爸：这涉及很多问题！我猜你可能想说"我不关心工作或奶奶。我只想要你回家，爸爸！"

比利：我真的想让你回家！

爸爸：我知道你想我回家，比利！我知道！我也想回家。

比利：那你为什么不回家？

爸爸：我想！我真的很想回家。

比利：那就回家啊！

爸爸：我的确想回家，可是奶奶不能很好地照顾自己了，她需要我的帮助，比利。

比利：爸爸，我也需要你。

爸爸：噢，比利，我知道你想让我回家。非常想！我也想回家看着你，陪你玩，哄你睡觉。非常想！但我现在需要照顾你奶奶几个晚上。

比利：我想你，爸爸。

爸爸：我也很想你，比利。真的，我非常想你。

比利：爸爸，你什么时候可以不那么晚回来？

爸爸：再过两周左右，再有十二天。我都已经等不及了！

比利：我也等不及了。

爸爸：我有个主意可能会能帮助我们度过这段等待的日子。当我不在家的时候，如果你给我画一张小小的画，把它放在桌子上，这样我回家时就能看到它了。我给你也画张小小的画，等你早上醒来时也能看到。

比利：好的，爸爸。我会为你画一张画。

爸爸：比利，爸爸也会为你画一张画。

### 管教导致的关系破裂

父母的管教行为经常会使依恋关系破裂，哪怕用时很短、态度也很温和。当孩子的意图与父母的意图相左时，就会使依恋关系缺乏"主体间性"——父母和孩子无法达成一致。年幼的孩子通常会为此十分难过，因为他难以理解为什么他的父母不想和他拥有同样的体验，在他看来父母至少应该对他的选择给以积极的肯定。

对幼儿来说，显然亲子关系是他的快乐、专注、沮丧或痛苦的根源。具有主体间性的共同体验常常会带来极好的效果，而管教却会让人心生绝望。当父母说"不"时，年幼的孩子常常会感到羞愧，因为他看到父母没有理会他的需求并不做回应。孩子就会觉得他在某种程度上让父母失望了，而同时孩子也对父母失望。

在安全型依恋情况下，父母和幼儿都能快速消除这种不利影响。父母提供安慰，帮助幼儿应对羞愧和恐惧的负面情绪，而幼儿也会立刻从父母那里寻求安慰。尽管正是父母说的话让孩子感觉不舒服，但孩子还是会转向他们的父母那里寻求安慰。尽管是孩子做了一些父母所不允许的事情，但父母还是会本能地去安慰孩子，而不会担心这样会强化孩子的不良行为或宠坏他。父母需要一直相信自己的直觉。

通过管教之后父母给以安慰，父母和孩子都能体会到：内心世界以及亲子关系比任何一方的行为都更为重要。父母可能对孩子的行为本身并不认可，但他们不会忘记需要为孩子提供安全感和重建亲密关系。

父母可能会觉得，允许孩子做任何他想做的事情，就可以帮助他们避免痛苦，但这是错误的。大多数人都知道，放任只会在未来造成更大的行为问题，因此需要按照要求行事。有时，孩子受到约束时会觉得痛苦，父母如果没有觉察到或没有帮助孩子应对痛苦，这也是错误的。当这种情况发生时，孩子接收到的信息是：他的行为比他的内心世界更重要。有时，父母不允许孩子表达他的痛苦和烦恼，这也是错误的。在这种情况下，孩子获得的信息是，他的内心世界也在被评判，不允许包含任何针对父母的负面情感。孩子不仅要改变某些行为来迎合父母的希望，他也会要么改变自己的内心想法，要么向父母隐藏自己的内心世界。无论采取哪种做法，都会使他的情感发展和亲子关系在未来有可能出现问题。

再次强调，管教的作用是教导、引导或指导孩子的行为。明确告知孩子限制的原因或者行为的后果有助于孩子认识到，父母是出于为孩子最大利益着想而进行管教的。如果在管教的同时给予的是共情，而不是愤怒或威胁不理孩子，管教所带来的影响就会得以控制，并且孩子能够对此进行反思，虽不情愿但也能站在父母的视角看待问题。

打个比方会更有助于理解，可以把管教视为两只手一起抓。一只手抓孩子的行为，如果需要还要加以约束、改变目标、寻找替代方式。另一只手抓孩子的内心世界，对于导致行为产生的因素以及约束可能带给孩子的痛苦都给以接纳，并表现出好奇和共情。如果父母可以在约束孩子行为的同时关注孩子内心世界的发展，孩子会更乐意接受父母的指导，理解管教的原因，同时在亲子关系和自我价值上都会有安全感。

### 由于父母的失误或失控造成的冲突

父母本就不完美，最好也不要假装自己是完美的。父母最好向孩子承认，作为父母有时候他们也不是很称职。既然父母重视让孩子承认自己的错误，那么他们犯错误的时候也承认自己的错误，就为孩子树立了一个好的榜样，这会非常有帮助。当父母也为自己的错误承担责任的时候，会让孩子安心，让他觉得自己并不是唯一犯错误的人。当父母向孩子道歉，并请求原谅时，这会让孩子觉得受到重视。他知道，虽然自己是一个孩子，但他仍然应该得到父母的道歉，就像父母要求他要做的一样。通过为自己的错误道歉，父母也表明他们会努力避免或减少错误，因为他们非常重视自己作为父母的责任。

当然，如果父母不采取行动来逐步减少自己的错误，不想办法防止出现更严重的错误，只是向孩子道歉是远远不够的。如果一个母亲对孩子大吼大叫甚至辱骂孩子，为了孩子的安全感，她需要向孩子承诺：她会尽她所能确保此事不会再次发生。她不能以孩子的行为或伴侣或生活的压力为借口。当她意识到她的愤怒正在影响孩子的成长和亲子关系时，她就必须阻止此类事情再次发生。她可以从专门研究育儿、亲子关系的专业人士那里寻求帮助，或者通过梳理自己的依恋史来帮助自己应对此类状况。

### 因父母有其他责任或其他考虑而造成的关系破裂

从根本上来说，婴幼儿会把父母看成是自我的延伸。通过主体间性，他会意识到自己不能像控制自己的手那样控制父母，但他仍然能够从父母那里获得相应的回应，他会觉得自己与父母之间的关系是安全及确定的。

随着时间一周周地过去，幼儿期的孩子越来越意识到，父母并不总是对他的意愿进行回应，事实上这种回应与前几个月相比已经变少。父母在生活中，似乎有时候需要和他分离。虽然这种分离与父母离开他身边不同，但他同样得不到回应。幼儿期的孩子很可能会因为这种变化而感到困惑。这是否意味着他的安全会受到影响？他所认为的需求没有引起父母的回应，这代表父母不再愿意或者不再有能力满足他的需求吗？他现在不安全了吗？

幼儿期的孩子正在学习把自己的需求和愿望区别开来。父母总是会回应他的需求，但对于他的愿望常常不给予回应。如果父母不能满足孩子的需求，孩子的安全确实会受到影响。他可能因为缺少食物或保护而生病；他可能因缺乏照料而受伤；或者他的心理发育受到影响。然而，如果父母不能满足孩子的愿望，孩子仍然会觉得自己是安全的，只是会感到沮丧、失望或者生气。

如果孩子不能理解父母对于"需求"和"愿望"的区别，父母对孩子"愿望"的不回应就很可能会使孩子产生困扰或者缺失安全感。显然，最好能让孩子明白，父母为什么没有对他的愿望给予回应。

当父母因为其他的责任或其他考虑而没有做出回应时，孩子会觉得愿望没被满足，并且认为亲子关系会破裂，他会因此感到痛苦。

这时，及时修复关系是帮助孩子理解"需求"和"愿望"区别的重要一步。促进关系修复的方法有：

1. 觉察到孩子的痛苦，并表现出理解和共情。
2. 简要说明没有满足孩子愿望的原因。
3. 多用非言语的沟通方式让孩子知道，父母相信他能处理好自己的痛苦，并且他永远是安全的。
4. 教给孩子一些应对方法（例如：等待，选择其他活动，寻求拥抱）来帮助他调节自己的痛苦。

通常来说，仅仅给予接纳、共情和一些建议就足以让孩子应对痛苦，并能在父母忙于其他事时，能继续专注于自己想做的事情。有时，孩子会给出非常充分的理由，告诉父母他不想等待，他所承受的痛苦远超于父母的想象。大多数情况下，不需要重复步骤2、3和4，而仅仅表达共情就足以让孩子接受父母的决定。当父母对孩子有共情，并相信他会接受现状，孩子对挫折的承受力将会更强。

需要强调的是，父母应该认识到我们不是要让孩子的生活没有痛苦。成功应对痛苦是儿童成长的必经之路。如果是孩子的愿望而不是必要需求没有被满足，让孩子体验相应的痛苦将有助于孩子形成自己的应对技能。父母的信任会让孩子相信自己在未来有能力应对痛苦。这种认识是心理弹性的重要组成部分。当然，这不是说父母要故意为孩子制造痛苦。痛苦会自然产生的。

共情是最能帮助孩子应对痛苦和促进关系修复的一种父母态度。否认痛苦或劝导孩子摆脱痛苦都是不明智的。让他独自应对痛苦也不是好办法。事实上，承认、理解、接纳和共情将使孩子认识到应对痛苦并不是太难，并且他的愿望也是重要的，尽管有时他的愿望并没有得到满足。孩子也会知道自己的安全没有受到影响，自己对父母而言仍然是重要的，即使父母没有满足他的愿望。

关系破裂后，仅仅待在一起，或感受修复过程所带来的愉悦，也是很重要的。当关系尚在破裂期间时，一方或双方可能会有抵触心理，感到孤独或愤怒。他们还可能有些紧张和谨慎。当关系开始修复时，双方从再次变得安全和亲密的关系中体验到放松和愉悦，这种体验对于关系的修复是很有帮助的。在修复过程中，孩子的态度可能会缓和，希望父母来安慰自己。父母的态度也可能会缓和，想要去安慰孩子。

关系破裂后进行修复会使亲子关系的循环圈形成闭环。这使孩子放心——关系破裂很正常。当关系破裂时，不需要害怕或回避。关系的破裂是在提醒父母和孩子，亲子关系对他们来说很重要，比造成破裂的事件更重要。如果能够接纳和应对关系破裂，就不是大事。如果害怕或回避这些问题，问题反而会变得更严重。如果不能修复关系上的破裂，它们就会影响孩子的安全感，也就无法使依恋关系成为孩子成长道路上的有力支持。

## 影响关系修复的障碍

认为关系修复不重要是关系修复的主要障碍。而这种观点往往基于以下三种信念：

1. 关系破裂造成的痛苦会自行逐渐消失。
2. 如果是孩子的行为先导致的关系破裂，而父母主动开始修复，那么父母就显得没有权威。
3. 如果父母主动修复，就会助长孩子的不当行为。

让我们更深入地看一下这三种看法。

首先，随着时间的推移，关系破裂所引发的痛苦会减轻，这可能是事实。当父母和孩子逐渐和好，就像什么事都没有发生过一样，孩子确实会感到解脱，关系破裂的时期终于结束了。然而，一种风险是，亲子关系可能会因为关系破裂而被削弱，可能仍然有一些不确定性。这种不确定性可能会使安全型依恋处于某种风险之中。孩子可能会怀疑这种关系上的破裂影响了或反映了父母对他的看法。他们甚至可能会质疑亲子关系对父母的重要性。

此外，如果不解决关系破裂的问题（进行修复会促进问题解决），这种情况就可能会一再出现，从而导致一种适应不良的关系模式。最终会发现那些导致关系破裂的事件会经常发生或无法避免。如此往复，父母和孩子都很可能认为这种关系破裂状态就代表他们之间的关系实质，而不是就事论事，或只是视其为看法上的分歧。他们认为对方并不在乎或并不想改善关系。反之，如果受损的关系得到了修复，这段关系的重要性也就得到了确认。双方会就事论事，如果将来出现类似的问题，双方都会相信问题能够得到解决。当因为该事件而导致关系破裂时，关系的修复就容易得多了。

其次，主动修复并不意味着父母没有权威。相反，这样的主动修复表明无论是什么性质的关系修复，父母都把亲子关系看得非常重要。通过主动修复，父母也表现出希望自己的孩子在这段关系中感到安全。父母不会用威胁安全感的方式来试图改变孩子的行为。不管造成关系破裂的事件多严重，关系本身都更为重要。这样的明确表达，并不会削弱父母的权威。如果是孩子的行为导致的冲突，孩子需要承担行为的后果，但孩子的行为并不会影响亲子关系中孩子对安全感的体验。

父母可能会认为，尽管关系的修复是必要的，但如果是孩子的行为造成了关系破裂，那么就应该由孩子来主动修复。然而，需要管教的是行为而非关系。通过承担主动修复的责任，父母表明了关系和管教是相互独立的。同时，父母要认识到自己是孩子安全感的来源，而孩子并不是自己安全感的来源。父母要承担一切必要的责任，确保这段关系维持健康。父母要让孩子清楚他们之间关系的重要性，当他们在管教问题上出现分歧时，更应如此。如果父母坚持要由孩子主动启动关系修复，那是在要求孩子为这段关系的持续性负责。然而由于这并不是孩子的责任，他很可能会认为，父母不主动修复关系是因为父母不太想或者根本就不想这么做。他可能认为这段关系对父母来说并不那么重要。孩子会感到不安全，也因此没有信心先迈出修复关系的第一步。这样，父母和孩子之间越来越疏远，亲子关系呈现螺旋式下降。即便孩子先开始修复关系，也很可能会感到不满，因为他必须确保自己行为良好并且心怀愧疚，才能重新赢得父母的欢心。

再次，主动修复不会强化孩子的任何可能导致关系破裂的行为。养育子女就是要无条件为孩子建立安全型依恋。安全感从来都不应该是我们要获得的回报。

有些家长可能会担心，虽然关系修复的目标不是强化某种行为，但这些不当行为可能会成为不期待却确实会发生的副作用。父母不太可能一整天或一整周都能与孩子保持亲密。当父母和孩子平常就有安全感且关系亲密，孩子就不需要主动去使关系破裂来促进关系的修复，因为他已经拥有了修复所带来的亲密关系。

最后，正如我在整本书中所强调的，在孩子对父母的依恋关系中故意使孩子感到不安全是没有意义的。大量研究表明，在很多方面，安全型依恋关系将促进孩子在整个儿童期和成年期的成长。使孩子感到不安全会让孩子在成长过程中无法实现既定的成长目标，或在实现效果上大打折扣。除此之外，缺乏安全依恋会使孩子面临各种发展问题，而这些问题最好能够避免。缺乏安全依恋不能促进孩子独立性和自主性的健康发展。更糟糕的是，当孩子本应在可以信赖的家人和朋友们的陪伴下共同应对问题时，却选择习惯性回避。还有一种可能，孩子过于关注安全感的获得以至于忽视了对自主性的需求发展。

## 聚焦依恋关系的对话

在下面的例子中，约翰和他的母亲发生了冲突，导致他们双方都很生气，约翰跑回自己的房间。随后，约翰的母亲主动修复关系，不是进行道歉，而是明确地表明：她与约翰的关系是非常重要的，当关系破裂的时候，无论破裂的原因是什么，她都会去修复的。

妈妈：约翰，我不会给你买那个电子游戏的。我知道那对你很重要，但我觉得玩电子游戏很浪费你的时间，对你的心智发展也没有好处。

约翰：可是瑞克有一个，妈妈，这是一个很棒的游戏！现在把钱借给我，我会用我的零花钱还你。

妈妈：约翰，这不是重点。不管你有没有钱都不会得到那个游戏。我真的不喜欢那个游戏的内容！我不想让你的大脑在暴力状态中持续几个小时。

约翰：妈妈，我已经15岁了！这是一个新的时代！我的同龄人都在玩这些游戏！

妈妈：约翰，我知道我们处在一个新的时代。但是，你只有15岁，我需要为你着想。

约翰：我不需要你为我着想！

妈妈：我的答案是不，约翰。我们停止讨论这个问题吧。

约翰：你只是个老女人，你什么都不知道！

妈妈：我是你的妈妈，约翰！（生气了）对你而言我不是什么老女人！你可以生我的气，但你不能叫我老女人！

约翰：我当然生你的气！怎么会不生气呢！（跑到他的房间，砰的一声关上了门。妈妈在她打开邮件后仍然很生气。当她平静下来后，她开始准备晚餐。15分钟后，她觉得自己足够冷静可以开始修复她和儿子的关系，她猜这会儿儿子很可能也冷静下来并能做出回应。她敲了敲他的卧室门，等了一分钟，然后进去。约翰正躺在床上盯着天花板。）

妈妈：你还好吧？

约翰：（没有回应，并继续盯着天花板。）

妈妈：我们都有些生彼此的气。刚才我们情绪都很强烈，我现在情绪好多

　　　　了，我希望你也能好起来。

约翰：妈妈，我只是不明白为什么我不能得到那个游戏。

妈妈：我知道你不理解，约翰，我知道。我也知道这对你很重要。

约翰：是的，妈妈。

妈妈：嗯，正因为如此，我需要仔细考虑以确定我的决定是正确的。我已经考虑过了，我仍然认为我的决定是对的。

约翰：我不明白，妈妈。你知道我不会到处杀人。

妈妈：我当然知道，约翰。我从不认为你会这么做。我不认为你的想象力会自然而然地朝着那个方向发展。

约翰：那为什么不能买，妈妈？

妈妈：因为你的大脑对我来说很特别。我想让它发展得更好啊。

约翰：这只是个游戏。

妈妈：我知道，约翰，但我不希望你的大脑在这个游戏上花费很多时间。

约翰：（沉默。）

妈妈：你还在生我的气吗？

约翰：不，妈妈，我没有。也许只是对你的决定有点沮丧。

妈妈：我能帮你做什么吗？（微笑和触摸他的手臂）

约翰：不用，妈妈。你知道我都15岁了。（笑）

妈妈：（笑）我知道你长大了，就在我的眼前一天天长大了。作为你的妈妈，我很自豪。

约翰：妈妈，我也为你感到自豪。

妈妈：我想让你知道，当你叫我老女人的时候，感觉真的不太好。

约翰：我知道，妈妈。很抱歉，我不是那个意思。

妈妈：所以你觉得我不老？

约翰：嗯，你知道我的意思。

妈妈：是什么呢，约翰？

约翰：我生你气的时候，我不应该那么叫你。对不起，我很抱歉。

妈妈：我接受道歉，约翰。我很高兴你意识到那样会让我很心烦。

约翰：妈妈，我知道，我真的知道。

妈妈：约翰，我很高兴你能理解。对我来说很重要的一点是，我们可以生彼此的气，但不能互相谩骂。

约翰：妈妈，我不会了。我知道了。

妈妈：当然，下次你生气的时候，我允许你叫我年轻女人！（笑）

约翰：我会的！（笑）

# 第十章 10

## 减少依恋抗拒

孩子可能因为种种原因，抗拒跟他们的父母建立安全型依恋关系，这些原因包括：

1. 孩子曾被亲生父母虐待、忽视或抛弃，现由寄养或收养的父母抚养。
2. 孩子在出生后最初的几个月或者几年里，接触了多个照料者或待过多个地方。
3. 孩子在出生后最初的几个月或者几年里曾得过严重的疾病。
4. 孩子尚在胎儿期时就患有某些严重疾病以至于损害了他早期寻求依恋的行为。
5. 孩子的主要照料者自身有尚未解决的依恋史。
6. 在出生后最初的几个月或几年里，孩子的主要照料者患有严重的抑郁症。
7. 在出生后最初的几个月或几年里，孩子的主要照料者出现了严重的

*药物滥用情况或者患有精神疾病。*

在某些情况下，最初影响依恋行为的问题可能是一些微不足道的小问题。但这些问题可能会导致父母和婴儿之间失去一致性，从而使他们对一方或双方产生疑虑或不确定。而这种疑虑就有可能会导致对其中一方或双方逐渐失去信任，进而会使他们逃避与依恋相关的互动。这样的恶性循环，会在未来的岁月中持续进行，从而越来越难以形成安全依恋关系。

上述的疑虑和不信任会使他们把在亲子关系上出现的问题归咎于关系中的另一方。渐渐地，他们开始认定对方的动机是消极的（比如以自我为中心、不愿尝试、从不满足、漠不关心），这会很快导致他们之间缺少主体间性的影响以及缺少互动。

正如一个恶性循环会使依恋关系的问题更加严重，也可通过建立一个良性循环去解决源自过去的依恋问题。开启这种新模式的职责主要在于父母而非孩子。如果父母能够从依恋的角度来看待孩子的行为和亲子关系问题，那他们在看待孩子内心世界时，自己也是相信问题有希望得到解决，而不是不抱有希望。可以通过以下方式来解决依恋问题：改变亲子关系的本质，提升亲子关系带来的安全感，从不同的角度理解孩子的内心世界，提供具有主体间性的陪伴，以促进上述转变的发生，每次专注一个互动主题。

当他们能在生活中坦诚相待，并能做出承诺，就会逐渐不再感到羞愧和恐惧，生活中所发生的事也可以被接纳并融入他们的共同经历中。《*Building the Bonds of Attachment*》（2006）一书中描述了一个有严重心理创伤的孩子与她的前养母建立安全依恋的过程。

## 依恋抗拒型孩子的特点

许多孩子在寻求安全感和探索自我与世界时，不愿向父母寻求帮助，他们会形成一些相似的做事方式以实现独立自主和解决问题。这些做事方式反映了孩子们的心理现状，他们要靠自己来获得安全感和了解世界。他们无法依赖父母，要么是可以依赖但他们自己认为不能，要么是因为自身发展或心理因素而不能依赖。因此，他们往往会对生活中的事件保持警觉和加以控制。他们会告诉别人——包括他们的父母——他们相信什么是最好的，其他人应该做什么。他们想要自己决定最佳的方案，并排斥父母和其他人的决定。

这些孩子还会试图避免任何可能与之前让他们感到害怕或羞愧的经历相关的事件发生。他们会非常排斥对先前事件的回忆，以及逃避当下任何可能引发这些记忆的情境。从根本上来说，这些孩子可能永远不会感到安全，因为他们害怕自己内心的某些记忆。他们不仅对外界事件高度警觉，同样对某些进入意识层面的内在情感也同样高度警觉。当经历一些看似寻常但和他们过往创伤相关的事件时，这些孩子会非常情绪化，表现出强烈的愤怒和恐惧。父母可以通过控制孩子可能接触到的外界事物来帮助他们获得安全感。但如果孩子的恐惧来源于自己的内心世界，父母想要提升孩子的安全感就会面临更大挑战。

这些孩子始终无法依靠他们的依恋对象，也因此可能无法展现出那些有安全依恋的孩子所表现出的成长技能。他们的情感体验和表达趋于极端化，缺乏具有灵活调节机制的"恒温器"。他们对自己生活事件的反思能力往往较弱,因为他们往往以一种重复而刻板的方式对环境做出反应,而这种方式,是由于对安全的担忧所造成的。

这些孩子经常不同程度地表现出如下思维模式:

1. 始终追求对生活中人和事物的掌控感。
2. 在人与人之间的交往、相互沟通和相互影响方面存在困难。
3. 习惯性高度警觉。
4. 有强烈的情绪波动,包括强烈的愤怒、恐惧、失望和羞愧。
5. 情感麻木。
6. 很难预先考虑到自己或他人的行为后果。
7. 经常会感到羞愧,觉得自己不被别人所爱、没有用或者自己很坏等。
8. 不太容易对他人产生共情。
9. 不太容易觉察自己的内心世界,会逃避一些回忆、想法、感受和意图。
10. 不太容易感知他人的内心世界,总对他人持有消极的想法和感受,总认为他人动机不良。
11. 可能在语言表达、感觉运动、自我照顾等方面的发展存在困难。
12. 很难对自我、他人以及依恋关系形成连贯而持续的认识,以往的各种经验往往都是杂乱无章的。

## 减少依恋抗拒

父母在努力增强孩子与他们的依恋关系的过程中,应该把注意力集中在如何促进亲子关系的主体间性和改善家庭综合环境两个方面。下面将就这两方面给出一些建议。

### 主体间性

正如在前几章中强调的，主体间性的体验指的是在日常的交流中彼此之间的相互影响，在互动中，父母和孩子拥有共同的情绪变化、情绪强度、兴趣和目的。通过这种共同的体验，每个人都通过对方的看法使自己的认识更加深入和全面。

如果孩子拥有安全型依恋，当父母邀请孩子来一场具有主体间性的"共舞"时，孩子可能会非常热切地想要加入，或至少是欣然同意。如果孩子偶尔拒绝这种互动，父母要接纳这个决定，因为这个决定反映出孩子想在心理上独处一段时间，父母要相信孩子在不久的将来会很乐意重新互动。而在这期间，父母只要远远地等待着，做一些自己感兴趣的事，直到孩子做好了准备，重新参与到亲子互动中来。

如果孩子习惯性地抗拒这种互动时，父母不能只是等待，还要考虑采取其他措施直到孩子做好互动准备。孩子可能永远不会准备好。孩子需要父母积极的陪伴和持续的主动性，来发展自己与他人互动的兴趣和能力。

上述父母经常采取的主动举措不应涉及威胁、愤怒、权力之争或奖惩，否则会使这些举措失去主体间性。父母要经常（反复地）主动邀请孩子参与到互动中，同时也不要忘记，孩子可能根深蒂固地认为自己很难参与到互动中。父母要能保持温和的态度不断地主动邀请孩子参与互动。就长期而言，PACE 的态度往往是最有效的方式。

因此，当父母主动邀请孩子参与互动时，怀有抗拒心理的孩子可能会表现出退缩，易激惹、好争辩或者完全忽略父母的邀请。如果父母接纳了孩子的反应，并能以好奇的心态给予回应，这样就把孩子的这种抵触也纳入到亲子互动中来。父母把这种抵触的反应看成是一种孩子与父母交流他们内心世界某一方面的独特又有所限制的方式。孩子内心世界的这方面可能包括抗拒依恋的想法、恼怒的情绪、退缩的意图或者对父母的内心世界的消极看法。父母可以用 PACE 态度进行回应,因为孩子的这些行为从某种程度上说,表明他确实想跟父母进行交流。

那时父母要对孩子所表达的主观感受进行回应。父母回应的信息可以是这样的:"虽然我本想要跟你聊聊关于烤馅饼的事,但我同样很想先听你说说关于你希望我让你独处的想法。"在这个例子中,家长传达的信息是,父母希望能和孩子分享彼此的感受并能产生相互影响。父母并不只注重分享某些特定的体验(比如快乐、成功、兴趣)。也想了解孩子各个方面的想法,如果他经常有想要一个人独处的想法,那么父母就会非常想要了解这种想法。因为好奇,家长可能会产生共情("你一个人背负着这么多想法,不知这对你来说是否很难")或者开个玩笑("当我邀请你跟我一起烤馅饼时,你的反应还是挺让我庆幸的,还好我不是在叫你跟我一起洗碟子!")。然而,在整个过程中,最为关键的是父母接纳孩子在此刻的感受,同时,无论他的主观感受是什么,父母都愿意与他进行具有主体间性的互动。

以下这些回应方式可能不会有效:

1. 等待孩子主动进行具有主体间性的互动。这可能会一等数年。
2. 当提议被孩子拒绝时,父母感到沮丧和不满,并不再提议了。
3. 给孩子讲道理,告诉孩子无论是出于感激还是义务他都应该积极参与互动。
4. 质问孩子为什么要拒绝邀请。会因为孩子的回答内容或拒绝回答的态度而感到沮丧。

以下这段对话,可能会有更好的效果:

妈妈：嗨，鲍勃，要不要跟我一起烤个馅饼？我以前好像没教过你，但我觉得说不定以后哪天能用得上。

鲍勃：拜托，现实点吧。

妈妈：我是说真的，鲍勃，我真的想做一个馅饼！

鲍勃：真搞笑！

妈妈：好吧，这可能不是一个好主意。不过，发生了什么？似乎你对我说的话感到生气，怎么了？

鲍勃：烤一个馅饼？这个主意简直太烂了。弄得好像我真想去烤个一样。

妈妈：我想也许对你来说，这确实有点勉强，因为我从来没听你说过对烘焙感兴趣。所以，对于你不愿意烘焙我能理解。但是我还是很好奇，为什么你对我的提议会如此生气？

鲍勃：你应该知道，我不喜欢烘焙。

妈妈：哦，好吧，你的意思是说，你之所以生气，是因为我并不了解你对烘焙从来都不感兴趣。

鲍勃：是啊，你根本不了解我。

妈妈：哦，好吧，现在我明白了一些。你是说，我的提议让你觉得，我并不太了解你。我没有花时间好好了解你。

鲍勃：是的，你为什么认为我会想要烤一个馅饼呢？

妈妈：我并不是说我就是这么想的，鲍勃。我真的不知道你不喜欢，只是当我在烘焙馅饼时，我想我也许能叫上你。

鲍勃：是的，我不喜欢。

妈妈：而你是在告诉我，你不希望我叫上你，因为你会对我失去信任。你认为我终归还是不太了解你，也许甚至我对了解你也不感兴趣。

鲍勃：难道不是吗？你想要了解我吗？

妈妈：我是真心实意地想要来了解你的，鲍勃。但重要的是，你不认为我想要了解你。如果我看上去对了解你并不感兴趣，那么似乎在你看来，你对我也并不重要。这只是我的一个猜想，我并不知道你是如何想的。

**鲍勃**：你竟然会认为我想要烤一个馅饼！

**妈妈**：或许这就是我们不一致的地方，鲍勃。我并没有意识到自己做了那样的判断。但我知道，我想跟你一起做一些新奇的事情。也许还想看看，你会不会对烘焙有一点点兴趣。我想我的问题是我只知道想要更好地了解你，却没有意识到你对此的感受，这会显得我不了解你或者也没兴趣了解你。既然那就是你的想法，我认为我必须更好地表达我的目的。你愿意帮助我吗？

**鲍勃**：什么？

**妈妈**：如果看上去我没有了解你的看法就做出了判断，你能不能提醒我，或者问问我这么说的目的到底是什么吗？

**鲍勃**：好吧。

**妈妈**：太好啦。我想这样能促进我们更好地了解对方。

对于让父母接纳孩子对亲子间互动对话的抗拒，说起来容易做起来难。由于主体间性，父母会受到孩子抗拒的影响。很难不把抗拒视为一种拒绝。即使了解被拒绝的原因可以把这种影响降到最小，但持续的抗拒还是会让我们大多数人会有挫败感。父母们需要不时提醒自己正是孩子的内心世界才导致孩子拒绝他所真正需要的体验——而父母具有主体间性的陪伴会让孩子产生安全感和清楚的自我意识。对孩子抗拒行为背后的羞愧和恐惧的觉察，可以帮助父母以孩子所需要的游戏心态、接纳、好奇、共情等方式进行回应。

有时，这样的反思还不够。父母还需要另一个成年人来帮助他们保持洞察力、活力和信心。伴侣、好友或者一个心理治疗师，都能很好地帮助父母持续为孩子提供他所需要的那种类型的关系。父母从他们的依恋对象那里获得愉悦、接纳、好奇和同理心，将更能够以相同的方式对孩子进行回应。

### 环境

一个没有与父母建立起安全依恋的孩子很难在日常生活中体会到安全感。他习惯性地依靠自己来获得安全感，时刻保持警觉以及持续的掌控。如果父母想要鼓励孩子去依靠他们来获得安全感，那父母最好先细致地观察和了解孩子的日常生活。如果孩子的外部环境可以让他逐渐感到安全，那么他就会减少依靠自己，逐渐转向依赖父母获得安全感。因此外部环境就像一个跳板，让孩子从靠自己获得安全感转向依靠父母。

下面将讨论这种外部环境的主要特点。

### 合理安排日常活动

闲暇的时间常常会变成"焦虑的时间"，从而会导致情感、思想和行为的失控。日常生活中我们需要给孩子提供丰富多彩的活动，这些活动对孩子的发展有着重要作用。这些活动可动可静，可以有互动也可一人完成，既包括游戏，也可以有适当的家务。其中，家务活部分需要父母的积极参与，因为孩子自己独立完成的能力还比较弱。为了让整个日常活动安排得更有效，父母的目标应该设定为让这些安排成为孩子们的一份礼物而非惩罚。父母给孩子这个日常活动安排是因为孩子在年幼时的外部环境没有使他获得安全感，因而现在给他提供一个这样的体验。孩子不需要在日常活动安排中努力去获得一些什么。提供这些活动只是因为对孩子有好处并且符合他的需要，并不需要孩子通过努力获得。

### 减少选择

如果一个孩子习惯性感到不安全,在面对两个或两个以上需要选择的事件时他经常会感到焦虑。他因为要做出最好的选择而困扰,但又对自己的选择没有信心,常常在做出选择后的几分钟又对决定感到后悔。当这样的孩子面对多重选择时,他就会不断地纠结于自己的选择,总是这山望着那山高。如果此时父母可以帮助孩子做出选择,那么孩子就会对这件事的处理更加满意。起初,孩子可能会抵触父母替他做出选择,但是当他感受到的焦虑在减少而快乐在增加时,他的抵触就会逐渐减少。

### 给予温和的照管

首先,通过基本的身体接触,使孩子可以从照管中获得安全感。当父母不在身边时,有困难就依赖父母的孩子常常会感到焦虑,尽管他并没有意识到自己焦虑的原因。通常情况下,因独处而产生的混乱会导致更多的失控。孩子们可能会无意识地做一些消极的寻求关注的事情。其次,父母的照管使孩子不需要纠结于是否按照安排的活动进行。当他独自一人时,他有可能会缺乏按照安排进行活动的意愿。他可能因为不断地纠结于是否要遵守活动安排而变得越来越焦躁,可能会冲动地做一些安排之外的事情。为了更加有效,照管跟安排日常活动一样,要有积极的态度而不是对错误行为给予惩罚。记住,这是一份礼物而不是惩罚。此外,照管并不意味着父母整天都要与孩子互动。父母就在孩子身边,并关注孩子,而孩子也能觉察到父母的保护和引导。

### 提供家庭仪式

父母应该提供明确、定期的家庭仪式让孩子能深刻地感受到他是家庭的一分子,他是父母的孩子。这种仪式可以按天、按周或按年进行安排。举例来说,这样的仪式可能包括:在晚餐前阅读一本书中最喜爱的内容,周四晚上爆米花和影视之夜,周日下午的城市探秘,或者每隔一个星期六为全家准备一顿饭。这些仪式让孩子能时刻感受到他在家里的地位,并能促进依恋的发展,使依恋关系成为孩子自我的重要组成部分。当父母给予孩子耐心和共情时,孩子就能以平和坚定的心态积极参与到这些仪式中。

### 促进成功

如果没有形成安全依恋关系,孩子不太可能向父母寻求关于如何成功的指导。他也不太可能承认自己的错误,并努力改正。他不愿意表达自己的困难并寻求帮助。因此,他不太可能从错误中吸取教训,从而改正错误。相反,他更有可能一而再再而三地犯同样的错误。这很可能会使孩子一直觉得有挫败感。与其寻求帮助,孩子更有可能依靠自己,因而他变得更加警觉和充满控制欲。因为日常活动的合理安排、父母的照看和有限的选择,家庭环境会更有利于孩子获得成功和减少失败。在孩子能从错误中吸取教训之前,要通过家庭环境使孩子尽可能减少犯错误的次数。

关于为什么抗拒依恋的孩子很难从错误中吸取教训,原因众多。首先,他们经常会感到羞愧,他们会否认错误,为失败找借口,或责怪他人。其次,当他们在措手不及的情况下时,他们会暴露出能力发展上的问题。父母对他们的养育以及学校对他们的教育,往往都依据他们的实际年龄,而非发育年龄。自我指导、冲动控制、挫折承受和延迟满足等能力往往较弱,使得他们在许多情况下都很可能会失败。

## 陪伴而非孤立

当孩子行为不当时，父母不要孤立他而是要更靠近他。父母可以通过增加身体接触为孩子提供安全保障，而不是通过孤立使孩子感到焦虑。当孩子受到惊吓或伤心时，父母会本能地这样做。然而当孩子生气时，父母往往会忘记这么做。父母让孩子更加亲近的目的不是为了要与他交流。而是，在陪伴孩子时表现出的镇定和信心将会对孩子的痛苦情感有感染效应。父母知道孩子就在周围，孩子也知道父母就在身边。慢慢地，当孩子平静下来的时候，父母可以试探性地伸出手去安慰孩子。如果父母经常能陪伴孩子，白天也能与孩子互动，当孩子遭遇困难时进行安慰，并不会强化不良行为。

当父母从心理上而不是从身体上远离孩子时，孩子的焦虑可能会更加难以控制。当孩子在父母身边，他可以分辨出父母主观上并不愿意与他互动，他必定会感到孤立和被拒绝。即使父母没跟他说话，孩子也能从父母的非言语信息中分辨出父母在内心——想法和情感上——已经远离他，并且父母对他有负面看法。当父母还没有准备好与孩子重新交流时，最好给自己一个暂停的时间，实事求是地解释父母也需要一些时间冷静下来，会尽快回到孩子身边。当孩子需要管教的时候，最好有另一个人会在父母需要暂停的时候陪在孩子身边。

有些孩子，因为羞愧，当发生冲突时不愿待在父母身边。如果孩子愿意，可以让他们在另一个房间里待一会儿，冷静下来，但不要强迫孩子一个人待着。当双方冷静下来后，尽快修复关系是非常重要的。但在孩子还没准备好之前，强迫进行关系修复只会使冲突升级。

### 主动安抚

一个想要依靠自己的孩子往往会拒绝父母的安抚，因为他知道一旦他接受了来自父母的安抚，他很可能会更加依赖他们。因此父母可以用温和且富有共情的话语或眼神来安抚孩子。父母也可以温柔地轻触或者轻抚孩子一小会儿，或者只要孩子觉得舒服，就可以持续地这样安抚他。当父母觉察到孩子将要变得不耐烦时，就要停止安抚的行为，而不是等到他开始变得不耐烦时。当孩子说"别管我"时，父母要接纳孩子的想法，而不是感觉被拒绝。因为父母知道孩子这么说是因为他感到恐惧。父母尊重孩子的意愿，停止当前安抚的行为，当下次孩子再感到痛苦时还要这样安抚孩子。如果孩子非常抗拒父母的触碰，父母可以用心理上的安抚代替身体上的安抚。他们可以说："我觉得你需要一个拥抱，但我看得出来，你现在不想让我拥抱你。我会尊重你的想法，所以我会在心里拥抱你。"然后父母微笑着，情绪平和。如果孩子对此不耐烦，父母可以说："我知道看到我拥抱你，你会不舒服，即使是在我的心里，所以我会到另一个房间里这样做。"她可以通过拥抱一个毛绒动物玩具来代替孩子，直到孩子自己能够接受为止。许多孩子可以通过接受这些过渡的方式最终实现真正的拥抱。

### 保障睡眠

对依恋抗拒的孩子可能会整日保持高度警觉。孩子会过着疲惫不堪的生活，只是因为睡着后会失去控制感，他就会很难入睡。为了形成良好的睡眠模式，父母必须在实际就寝前几个小时开始安排睡前活动。在这段时间里的安排需要是可预见的，没有什么刺激或引起兴奋的事。随着就寝时间的临近，一对一的相处时间往往是最有效的。这段时间的活动要安静且可预见，并能以孩子所能接受的程度提供安抚。讲故事、读故事、听音乐、按摩背部等抚触，回顾当天的活动，或者畅想第二天的活动，这些可能会有所帮助。对于那些害怕夜间分离会导致失去父母的孩子，安排一个起床仪式会有所帮助。允许孩子带着父母的一件衣服去睡觉，这样也可以减少孩子对失去的恐惧。卧室本身需要精心规划。它的位置、大小、房间里的东西、声音和光线都需要考虑。给孩子准备毛绒玩具、海报、轻音乐，以及小夜灯的类型和位置，都可能会对孩子产生不同的效果。有的孩子想要一个水族馆，因为伴着蓝色的灯光、鼓泡的声音和游动的鱼，他的睡眠立刻变好了。

### 保障积极的家庭氛围

有依恋困难的孩子很可能经常会被诸如愤怒、恐惧和羞愧等负面情绪所困扰。重要的是，家庭其他成员不要受这些负面情绪影响，以同样的负面情绪来回应孩子会形成一个难以改变的恶性循环。要对孩子行为背后的脆弱性和优点进行回应，而不仅仅是对行为本身做出反应。父母面临的挑战在于要保持一种积极的情绪基调以对孩子产生影响，而不是让孩子的负面情绪影响到他们。

### 防止过度刺激

有依恋困难的孩子很容易被过度刺激。噪声、新鲜事物、不可预测性和变化都可能让他情绪失控而不是让他觉得有趣。由于缺乏有效的情绪调节工具，孩子可能会对环境变化做出强烈的情绪反应，而不是比较温和、可控的情绪反应。人们很容易高估那些情绪调节有困难的孩子对刺激的忍受力。当孩子的表现突然变糟时，他父母可能需要问的第一个问题是："他觉得不安全吗？"第二个问题是："他是否被过度刺激了？"

### 父母自身的安全依恋

作为一个对依恋抗拒的孩子的妈妈，如果她自己的依恋史是没有问题的，那么她将有能力对孩子的一般需求进行应对和回应。如果她自身存在依恋问题，就要先解决自己的依恋问题。专业人士的介入就算不是必需的，也是有帮助的。即使妈妈的依恋问题得到解决，如果她要满足孩子长期的强烈需求，自己本身拥有一个可依赖的依恋对象也会让她受益匪浅。

## 聚焦依恋关系的对话

九岁的罗恩是一个容易愤怒的男孩，经常背地里反抗他的母亲。他的母亲是位单亲妈妈，在罗恩出生后前四年的大部分时间里都在酗酒，无法提供充分的看护和满足他基本的需求，从而无法保障他的安全感。后来，罗恩的母亲积极参加了一项药物滥用治疗计划，该项目帮助她治好了抑郁症并且重新唤起了她作为母亲的责任。

治疗师马克已经和罗恩还有他的母亲建立了初步的信任关系，他意识到在罗恩的头四年里，母亲的酗酒对孩子现在的行为依然产生影响。马克安排了一次罗恩和他的母亲共同参加的谈话，帮助罗恩理清他目前行为问题的根源，以及在亲子关系中形成安全依恋。他首先和罗恩的母亲进行了单独谈话，以确认她能够和儿子一起解决她过去的问题。由于罗恩的母亲在治疗过程中已经取得了巨大的进步，她觉得自己有足够的安全感，可以通过承认自己过去的失败来帮助儿子。

马克：罗恩，我们接下来要进行一次谈话，内容可能会让你觉得有些不舒服。不管什么时候你想暂停，就告诉我们，我们就会停下来，好吗？

罗恩：太好啦，现在就暂停吧（大笑）。

马克：现在！不错的尝试！不过你得至少先等5分钟。

罗恩：好吧。

妈妈：罗恩，我们现在先不谈我们目前的冲突，马克和我觉得今天聊聊你小时候的事儿更有帮助，那会儿我每天酗酒，真的没有好好照顾你。

罗恩：（疑惑地看着妈妈。）

妈妈：首先，我想跟你说抱歉，为那些我不该做的以及应该做却没做的，这让你的生活如此艰难。我真的非常抱歉，罗恩。

罗恩：我知道，妈妈，你不用跟我说这些。

妈妈：我知道，我以前也说过，但这还不够。我真的非常抱歉！还有，我想告诉你，所有的这一切都不是你的错。你小的时候我对你不好，不是因为你表现不好，而是我自己的问题，尤其是酗酒。绝不是因为你不好。

罗恩：你以前常说，你酗酒是因为我的错。

妈妈：噢，罗恩，真的非常抱歉，我之前那么说你。我说得不对，这不是你的错。我真的不应该那样说。我把我自己的问题都推在你身上，是因为当时我还没有做好准备承认自己的问题并加以改正。

**罗恩**：你为什么不试着停止那么做呢？

**妈妈**：我想我确实试过，罗恩，但是我做得还远远不够。我知道我并没有停止那么做……而且还一再伤害到你……我真的非常抱歉。

**罗恩**：难道你那时不想做我的妈妈吗？

**妈妈**：噢，亲爱的，我真的很想做你的妈妈……非常非常想，哪怕我是个很差劲的妈妈。我觉得我是如此想当你的妈妈，以至于就算我意识到我把一切搞得那么糟糕时，我还骗自己说我作为妈妈还不太差，因为你看起来还不错，或者我把问题都推到其他人身上。我对自己撒了谎，告诉自己我就是理想中的妈妈，一个对你很好的妈妈……你的好妈妈。

**罗恩**：我以为是因为我的错你才不愿意照顾我。

**妈妈**：我知道你是这么想的，罗恩。我真的非常抱歉……非常非常抱歉，你把一切都归咎在你自己身上，而这一切错的其实都是我。这一定让你感觉更糟了……会让你觉得是你自己不好，我那么伤害你都是你应得的……你认为这一切都是你自己的错。是我没告诉你这一切是我的错，才让你有了那样的想法，而我一直都没去改变……变成你需要的那种妈妈。

**罗恩**：我有时仍然会想，如果我有所不同的话，你会不会对我更关心一些。

**妈妈**：长时间以来你一直因为我的行为而自责，我非常理解为什么你总是这么想。对不起，罗恩。我很抱歉，你还是认为我没有好好照顾你是因为你的问题。我希望有一天，你能理解，这一切都是我的错，而不是你的错，我希望那样能让你感觉好一点，能让你更清楚，你是多么特别的一个人。当那一天到来的时候，我会为你感到高兴，为你感到自豪……你不再因为我的伤害而觉得自己不好。

**罗恩：** 但是，你并不坏，妈妈。

**妈妈：** 谢谢你，罗恩，谢谢你能这么看我。有时候我觉得我是——那样地伤害了你，当你还那么小的时候，我是个非常差劲的妈妈，我知道我都做了些什么，我的那些行为……我会改，那不是真正的我，但是有时候我也会对此怀疑。有时候我深深地自责，我根本不喜欢我自己。

**罗恩：** 我也这样。

**妈妈：** 你也这样……那也许我们可以一起做点什么。你什么都没做错。我那么对待你跟你真的没有关系……你什么都没做错。这都是我的错，我可以改正。我正在努力。我可以的……我会成为你想要的妈妈。我可以……我会努力……成为那个我希望成为的人。

**罗恩：** 但你从来没有打过我。你也不像其他孩子的爸爸妈妈那样骂我。

**妈妈：** 是的，我为此感到自豪，罗恩。我从来没有真正打过你，虽然我有时打你屁股。但是我知道，我对待你的方式对你心灵所造成的伤害远大于身体上的伤害。当你饿了而哭闹时，我却瞪着你对你大发脾气……我肯定你从我的眼睛里看到了抱怨，从我的声音里听到了愤怒……我责备你……你可能感觉很糟很害怕。还有好多时候，我知道我深深地伤害了你。好几次，你只是想跟我一起玩……或者坐在我的腿上……或者让我抱着你，在睡前给你讲个故事，但是我却对你大吼大叫，拒绝你的想法，跟你说"离我远一点"。罗恩，那些时候，我知道，我深深地伤害了你，深深的。你一定觉得我不爱你……觉得你对我一点都不特别……我对你做的一切都是你咎由自取。罗恩，这就是我为什么要跟你道歉，我为此感到深深的懊悔。

**罗恩：** 没关系，妈妈。

妈妈：因为我让你失去了这些年你本该拥有的幸福时光，当你还那么小的时候，你本应该感到快乐，感到被爱，感到安全，感到对我而言你是非常特别的人……但是你没却没能体会到这些，对于你错过的幸福时光，我会一直感到抱歉……我错过了那些跟你一起的时光。

罗恩：我们现在可以有一起共度的时光，妈妈。

妈妈：是的，我们可以，我们一定会的。而这些时光……我们将一起共度的时光，将是我生命里最幸福的时光！

罗恩：我也是，妈妈。

## 另一段聚焦依恋关系的对话

曾经被亲生父母伤害过的领养和寄养的孩子，往往很难与新父母建立起安全依恋关系。这些孩子常常表现出对所有人和事都有极度的控制欲。他们不相信新父母会把他们的利益放在第一位，因此他们也不会从新父母那里寻求舒适感和安全感。在这种情况下，下面这种对话则很常见。

在这段对话中，12岁的简三年前被收养。她对养母在日常生活中的各种限制非常愤怒。为了了解简混乱的内心世界和依恋模式，并能以有利于解决她们之间冲突和关系修复的方式进行沟通，她的养母接受了相当多的专业指导和帮助。

简：我恨透你了！你从来不让我做任何事情！从来不让！

妈妈：我知道你非常生气！我真的知道！但是你确定你说的是"恨"我吗？

简：我当然恨你！真的！你那么对我，我怎么会不恨你呢！

妈妈：等一等！你在说什么？我怎么对你了？

简：你觉得呢？你从来不让我做我想做的事情！

妈妈：好吧！我想我明白了。似乎你认为，我从来不让你做任何你想做的事情。

简：这就是我说的！就是这样！

妈妈：等一下！如果你是对的，为什么我不让你做你想做的事情呢？你觉得我为什么要这么做？

简：我不知道！你告诉我啊！

妈妈：那你是怎么想的呢——如果我从来不让你做你想做的——你觉得我的理由是什么？

简：我不知道！也许你想让我变得很痛苦！

妈妈：天哪！如果这是真的，怪不得你会对我生气！但是我为什么要让你感到痛苦？

简：因为你恨我，是吧？

妈妈：噢，我的天啊！如果你认为我恨你，你一定不好受！

简：你就是恨我！但那又如何呢？你总是这样，我一点都不意外！

妈妈：噢，简！你认为我恨你！你认为我恨你，而你一点都不意外。我真的非常难过，你竟会那么觉得。

简：但这就是真的！一直就是这样！你不明白吗？

妈妈：帮我弄明白吧。为什么你会认为看上去没有人在意你，每个人都恨你？

简：就因为我这个人！这是我活该的！这下你高兴了吧？

妈妈：不高兴，一点也不！我真的太难过了，你竟然认为自己活该被讨厌，这太令人难过了……太心痛了。

简：你为什么会在乎？难道你不是也一样吗？

妈妈：因为我看到了你自己不曾看到的那一面。因为我爱你自己不爱的那一部分。

简：你在说什么？

妈妈：我在说我的女儿，那个被困在问题中、被困在愤怒里的小女孩儿。那个小女孩儿是我的女儿，她一直没有被发现，直到你来到这里。

简：被发现？

妈妈：是的，那个在出生时等待着被看到、被爱的小女孩，就是你。亲爱的，你等了整整九年，直到你遇到了我。

简：似乎你从来没生过我的气。

妈妈：第一年非常艰难，亲爱的。我不是非常了解你。你满腔的愤怒，你对我不停地反抗，让我误以为，那就是你真实的样子。我不知道在那种情况下，在争吵中如何才能看清你真实的样子……我不明白这几年来你为什么会一直争吵，以及你为什么会认为没人在意你、大家都恨你……也许你以为是很多人这样对待你。我真的很抱歉，亲爱的。

简：那如果我真的很特别，为什么他们还那么恨我？

妈妈：我不知道为什么你的亲生父母会如此深地伤害你。但我知道，没有哪个孩子，没有哪个三岁以前的孩子应该那样被对待，就像他们对你那样。我知道。你不得不为活着而抗争，而父母却只看到你的抗争并因此认为你是个易愤怒的坏孩子。我一开始也不理解，但我现在懂了，真的。我看到了抗争下的你，我希望你能信任我，而不是一直与我抗争。这就是我最希望看到的。

简：你为什么会这么希望？

妈妈：因为你是我的女儿啊，因为你对我而言是那么特别，因为我了解你不曾看到你自己的一面，因为我如此爱你！

简：那如果你不给我想要的，我还是一直恨你呢？

妈妈：我会继续爱你，虽然有时候也会生气。我会努力让你明白，那个对你说"不可以"的我到底是怎样的我，还有为什么我要跟你说"不可以"。

简：那你为什么会说"不"？

妈妈：当我说"不可以"时，是因为我认为那些事情可能对你没有好处。我只希望自己的决定对你是最有利的，虽然有时候我们出现了意见分歧，但是我的初衷是好的。

简：是的，我们经常存在分歧。

妈妈：也许当我们更加了解对方之后……当你更加相信我的时候，相信我对你的认识是正确的时候，分歧就会减少。

简：你最好要有点耐心。

妈妈：我对你有足够的耐心。也请你对我、对你自己有耐心。

简：这有点难。

妈妈：是的，我知道。

# 参考文献

Cassidy, J. (1999). The nature of the child'sties. In J. Cassidy & P. Shaver(Eds.), *Handbook of attachment* (pp. 3-20). New York: Guilford.

Cassidy, J., & Shaver, P. R. (Eds.). (1999). *Handbook of attachment*. New York: Guilford.

Greenberg, M. T. (1999). Attachment and psychopathology in childhood. In J. Cassidy & P. Shaver(Eds.), *Handbook of attachment* (pp. 469-496). New York: Guilford.

Grossmann, K. E., Grossmann, K., & Waters, E. (Eds.). (2005). *Attachment from infancy to adulthood: The major longitudin al studies*. New York: Guilford.

Grossmann, K. E., Grossmann, K., & Zimmermann, P. (1999). A wider view of atta chment and exploration: Stability and change during the years of immaturity. In J. Cassidy & P. Shaver (Eds.), *Handbook of attachment* (pp. 760-786). New York: Guilford.

Hughes, D. A. (2006). *Building the bonds of attachment* (2nd ed.). New York: Jason Aronson.

Hughes, D. A. (2007). *Attachment-focused family therapy*. New York: Norton.

Kabat-Zinn, M. & Kabat-Zinn, J. (1997). *Everyday blessing: The inner work of mindful parenting*. New York: Hyperion.

Lyons-Ruth, K., & Jacobvitz, D. (1999). Attachment disorganization: Unre-solved loss, relational violence, and lapses in behavioral and attentional strategies. In J. Cassidy & P. Shaver (Eds.), *Handbook of attachment* (pp. 520-554). New York: Guilford.

Schore, A. N. (2000). Attachment and the regulation of the right brain. *Attachment and Human Development*, 2, 23-47.

Schore, A. N. (2003). *Affect regulation and the repair of the self*. New York: Norton.

Schore, A. N. (2005). Attachment, selfregulation, and the developing right brain: Linking developmental neuroscience to pediatrics. *Pediatrics in Review*, 26, 204-211.

Siegel, D. J. (1999). *The developing mind.* New York: Guilford. Siegel, D. J. (2007). *The mindful brain.* New York: Norton.

Siegel, D. J., & Hartzell, M. (2003). *Parenting from the inside out.* New York: Jeremy P. Tarcher/Putnam.

Sroufe, L. A., Egeland, B., Carlson, E., & Collins, W. A. (2005). *The development of the person.* New York: Guilford.

Tangney, J., & Dearing, R. (2002). *Shame and guilt.* New York: Guilford. Trevarthen, C. (2001). Intrinsic motives for companionship in understanding: Their origin, development, and significance for infant mental health. *Infant Mental Health Journal,* 22, 95-131.

Trevarthen, C., & Aitken, K. J. (2001). Infant Intersubjectivity: Research, theory, and clinical applications. *Journal of Child Psychology and Psychiatry,* 42, 3-48.